ACCESO GRATIS *a la Lectura en la Nube*

AF237845

Para visualizar el libro electrónico en la nube de lectura envíe junto a su nombre y apellidos una fotografía del código de barras situado en la contraportada del libro y otra del ticket de compra a la dirección:

ebooktirant@tirant.com

En un máximo de 72 horas laborales le enviaremos el código de acceso con sus instrucciones.

© TIRANT LO BLANCH
EDITA: TIRANT LO BLANCH
C/ Artes Gráficas, 14 - 46010 - VALENCIA
TELFS.: 96/361 00 48 - 50
Fax: 96/369 41 51
Email: tlb@tirant.com
www.tirant.com
Librería Virtual: www.tirant.es
DEPOSITO LEGAL: V-278-2026
ISBN: 979-13-7040-296-9
MAQUETA E IMPRIME: Tink Factoría de Color , S.L.

Si tiene alguna queja o sugerencia, envíenos un mail a: atencioncliente@tirant.com.
En caso de no ser atendida su sugerencia, por favor, lea nuestro procedimiento de quejas en:
www.tirant.net/index.php/empresa/politicas-de-empresa

Responsabilidad Social Corporativa
http://www.tirant.net/Docs/RSCTirant.pdf

Didáctica General en Educación Primaria

Del diseño curricular a la práctica en el aula

GRADO EN MAESTRO/MAESTRA EN EDUCACIÓN PRIMARIA
UNIVERSITAT DE VALÈNCIA

Laura Monsalve Lorente

Profesora Titular

Departamento de Didáctica y Organización Escolar

ESTUDIANTE:

PROFESORA:

GRUPO: **CURSO ACADÉMICO:**

NOTAS

NOTAS

NOTAS

NOTAS

NOTAS

Índice

"La primera tarea de la educación es agitar la vida, pero dejarla libre para que se desarrolle"

Maria Montessori

INTRODUCCIÓN

La didáctica es una rama de la pedagogía centrada en el estudio de los métodos y las prácticas de enseñanza. Se ocupa de analizar cómo se enseña y cómo se puede enseñar de manera más eficaz, explorando técnicas, estrategias y decisiones pedagógicas orientadas a optimizar el aprendizaje del alumnado. Desde sus orígenes, la didáctica ha estado vinculada a la mejora de la acción educativa y a la reflexión sistemática sobre la práctica docente.

Juan Amos Comenio definió la didáctica como "el arte de enseñar todo a todos", una formulación que supuso un hito en la historia de la educación al defender la universalidad del derecho a aprender y la necesidad de organizar la enseñanza de forma racional y accesible (Comenio, 1657). Esta concepción, aunque formulada en un contexto histórico muy diferente al actual, continúa siendo relevante si se interpreta desde una perspectiva inclusiva y democrática, en la que enseñar a todos implica reconocer la diversidad del alumnado y garantizar la igualdad de oportunidades educativas.

La didáctica responde a una serie de preguntas fundamentales que estructuran toda acción educativa: qué enseñar, cómo enseñar, cuándo enseñar y a quién enseñar. Estas cuestiones remiten directamente a decisiones curriculares, metodológicas y organizativas que el profesorado adopta en su práctica cotidiana. La selección de contenidos, la elección de metodologías, la organización del tiempo y la adaptación a las características del alumnado no son decisiones neutras, sino que reflejan concepciones determinadas sobre el conocimiento, el aprendizaje y la función social de la educación (Gimeno Sacristán, 2001).

El término "didáctica" proviene del griego *didaktikós*, que significa "apto para enseñar". Desde una perspectiva contemporánea, Camilloni et al. (2007) definen la didáctica como el conjunto de técnicas, normas y procedimientos orientados a dirigir el aprendizaje hacia objetivos educativos determinados. Esta definición pone de manifiesto el carácter normativo de la didáctica, en tanto que orienta la acción docente, pero también su dimensión reflexiva, ya que obliga a analizar críticamente las condiciones en las que se produce la enseñanza.

A lo largo de su desarrollo histórico, la didáctica ha incorporado aportaciones de distintos autores y corrientes pedagógicas. Junto a Comenio, Hans Aebli destacó la importancia de la organización de las situaciones de aprendizaje y del papel activo del alumnado en la construcción del conocimiento, subrayando la necesidad de diseñar experiencias educativas coherentes con los procesos cognitivos de los estudiantes (Aebli, 1983). Estas aportaciones contribuyeron a consolidar la didáctica como un campo de conocimiento propio dentro de la pedagogía.

Las buenas prácticas docentes se apoyan tanto en la investigación educativa como en la experiencia profesional del profesorado. Entre los elementos que la literatura especializada identifica como clave se encuentran la planificación rigurosa de la enseñanza, la gestión del aula, la evaluación formativa y el uso de metodologías activas que favorezcan la implicación del alumnado en su propio aprendizaje (Marzano, 2003; Black & Wiliam, 1998). La didáctica proporciona el marco teórico que permite fundamentar estas prácticas y analizarlas de manera crítica.

Los contenidos del currículo constituyen uno de los ejes centrales de la acción didáctica, ya que representan los saberes que la escuela considera socialmente relevantes. Su selección, organización y secuenciación son procesos complejos que implican decisiones culturales, sociales y políticas. Autores como Jerome Bruner defendieron la importancia de estructurar los contenidos de forma que faciliten un aprendizaje significativo, mientras que Michael Apple puso el acento en el carácter ideológico del currículo y en su relación con las estructuras de poder y desigualdad presentes en la sociedad (Bruner, 1960; Apple, 2013).

Los métodos de enseñanza son las estrategias y técnicas que utiliza el profesorado para facilitar el aprendizaje del alumnado. Estos métodos deben ser coherentes con los objetivos del currículo, con las características del alumnado y con el contexto educativo en el que se desarrollan. Desde el enfoque sociocultural, Lev Vygotsky destacó la importancia de la interacción social y del lenguaje como mediadores del aprendizaje, lo que refuerza el valor de metodologías cooperativas y participativas en el aula (Vygotsky, 1978).

La educación inclusiva constituye hoy uno de los principios fundamentales de la acción educativa. Su objetivo es garantizar que todo el alumnado tenga acceso a una educación de calidad, adaptando métodos, recursos y estrategias a la diversidad de necesidades presentes en el aula. En el contexto del siglo XXI, marcado por la globalización, la revolución digital, el cambio climático y la persistencia de la desigualdad social, la didáctica adquiere una responsabilidad social específica: contribuir a la formación de personas críticas, comprometidas y capaces de afrontar los retos de un mundo complejo y cambiante (Ainscow, 2005; Freire, 1970).

La globalización ha generado sociedades más diversas y multiculturales, lo que requiere una educación multicultural para preparar a los estudiantes a vivir en un mundo pluralista. La revolución digital y la sociedad del conocimiento demandan habilidades como el pensamiento crítico y la alfabetización digital para adaptarse a un entorno en constante cambio. El cambio climático es uno de los mayores desafíos actuales, y la educación para la sostenibilidad es fundamental para abordar los problemas ambientales.

A pesar del progreso económico, la desigualdad social y la pobreza persisten como problemas graves en muchas sociedades. La educación es una herramienta poderosa para romper el ciclo de la pobreza y promover la equidad social. El bienestar emocional y la salud mental de los estudiantes son fundamentales para su desarrollo integral, y las escuelas tienen un papel crucial en promover la salud mental y el bienestar de los estudiantes.

La escuela no solo es un lugar de aprendizaje académico, sino también un espacio donde se desarrollan valores, habilidades sociales y actitudes fundamentales para la vida en sociedad. La formación de ciudadanos democráticos es esencial para promover los valores de la democracia, los derechos humanos y la justicia social. La educación debe capacitar a los estudiantes para deliberar sobre cuestiones públicas, respetando la diversidad y promoviendo la igualdad.

El currículo es esencial en la educación, determinando qué, cómo y cuándo se enseña. Existen varios enfoques teóricos que reflejan diferentes perspectivas y objetivos. Desde el enfoque académico-tradicional hasta el socio-crítico, cada teoría ofrece ideas y prácticas diversas para el desarrollo curricular. Comprender estos enfoques es crucial para crear programas educativos relevantes y efectivos.

El enfoque académico-tradicional se centra en la transmisión de conocimientos y habilidades fundamentales a los estudiantes. Este enfoque destaca la adquisición de conocimientos básicos y habilidades académicas, con un currículo estructurado en disciplinas tradicionales como matemáticas, ciencias, literatura y historia. La enseñanza se centra en el profesor, con énfasis en la instrucción directa y la memorización.

El enfoque técnico-racional ve el currículo como un plan detallado para alcanzar objetivos educativos específicos. Se basa en la eficiencia y la efectividad, utilizando métodos científicos para desarrollar y evaluar el currículo. Este enfoque se centra en la definición clara de objetivos educativos medibles, el desarrollo basado en investigaciones y teorías educativas, y la evaluación continua del progreso del estudiante.

El enfoque socio-crítico analiza cómo la educación puede perpetuar o desafiar las desigualdades sociales. Se centra en el poder, la justicia social y la emancipación a través de la educación. Este enfoque promueve el análisis crítico de las estructuras de poder y desigualdad en la educación, así como la promoción de la justicia social y la equidad.

En resumen, los enfoques teóricos sobre el currículo abarcan desde el académico-tradicional hasta el socio-crítico, cada uno con sus propias características y fundamentos teóricos. Es fundamental para educadores y diseñadores curriculares comprender estos enfoques para desarrollar programas educativos relevantes, inclusivos y efectivos en la preparación de los estudiantes para los desafíos actuales.

El **currículo explícito** es la parte formal y planificada de la enseñanza, pero puede ser criticado por su rigidez y falta de adaptación a la diversidad de los estudiantes. Por otro lado, el **currículo oculto** se refiere a los aprendizajes no intencionados que suceden en el entorno educativo, como la transmisión de valores a través de la interacción social en la escuela. Finalmente, el **currículo nulo** abarca los temas importantes que no están incluidos en el plan de estudios formal, lo que puede llevar a una educación incompleta y reflejar sesgos y prioridades no alineadas con las necesidades de los estudiantes.

Es crucial que los educadores comprendan y aborden las dimensiones explícita, oculta y nula del currículo para desarrollar prácticas educativas más inclusivas y efectivas. Para ello, se pueden implementar estrategias como la revisión crítica del currículo, la inclusión de temas diversos en el plan de estudios explícito y promover un diálogo abierto sobre el currículo oculto y nulo con estudiantes, padres y colegas. Estas acciones ayudarán a identificar y abordar los problemas presentes en el currículo formal y a mejorar la experiencia educativa de los estudiantes.

En el ámbito educativo, los niveles de concreción curricular son fundamentales para adaptar el currículo general a las necesidades específicas de los contextos educativos y los estudiantes. Estos niveles garantizan la implementación efectiva y relevante del currículo nacional o regional en las aulas.

Los niveles de concreción curricular son etapas clave en la adaptación del currículo a las necesidades específicas de los estudiantes y los entornos educativos, asegurando la pertinencia y efectividad del proceso educativo en diferentes contextos.

La planificación del currículo es un proceso fundamental en la educación que implica la organización sistemática de los contenidos, objetivos, métodos de enseñanza y evaluaciones para facilitar el aprendizaje de los estudiantes. La planificación asegura que el currículo sea coherente, relevante y adaptado a las necesidades de los estudiantes y a los objetivos educativos establecidos. Se exploran los objetivos, competencias, contenidos, métodos de enseñanza, tareas, recursos y evaluación en profundidad para garantizar un currículo efectivo. Ralph Tyler (1949) destaca la importancia de objetivos claros en el currículo para evaluar el progreso de los estudiantes. Hilda Taba (1962) enfatiza la necesidad de objetivos educativos concretos derivados de las necesidades y características de los estudiantes.

La planificación del currículo es un proceso esencial que guía la enseñanza y el aprendizaje, asegurando la efectividad y relevancia del currículo para satisfacer las necesidades educativas de los estudiantes y alcanzar los objetivos establecidos.

La planificación del currículo es un proceso fundamental en la educación que implica la organización sistemática de los contenidos, objetivos, métodos de enseñanza y evaluaciones para facilitar el aprendizaje de los estudiantes. Asegura que el currículo sea coherente, relevante y adaptado a las necesidades de los estudiantes y a los objetivos educativos establecidos.

La planificación del currículo implica considerar cuidadosamente varios aspectos, como los objetivos, competencias, contenidos, métodos de enseñanza, tareas, recursos y evaluación. Cada uno de estos elementos desempeña un papel crucial en la creación de un currículo efectivo y relevante que facilite el aprendizaje de los estudiantes y cumpla con los objetivos educativos.

Es esencial que la planificación curricular sea flexible y adaptativa, teniendo en cuenta las necesidades y características de los estudiantes, así como las demandas cambiantes del entorno educativo. La evaluación continua y el feedback de los estudiantes y docentes son fundamentales para revisar y ajustar el currículo en todos los niveles, garantizando su relevancia y efectividad en diferentes contextos educativos.

En el ámbito educativo, las propuestas y experiencias educativas buscan enriquecer el proceso de enseñanza-aprendizaje mediante innovaciones metodológicas y prácticas dinámicas. El Aprendizaje Basado en Proyectos (ABP) es una metodología que destaca por permitir a los estudiantes trabajar en proyectos complejos y prolongados, fomentando un aprendizaje profundo y significativo al aplicar conocimientos en contextos reales o simulados.

Estas propuestas educativas se centran en hacer del currículo una herramienta adaptativa y dinámica, promoviendo un aprendizaje efectivo y relevante. La flexibilidad y la integración de metodologías activas, como el ABP, son clave para facilitar un aprendizaje significativo y preparar a los estudiantes para el mundo actual en constante cambio.

La implementación de propuestas educativas innovadoras, respaldadas por autores clave en educación, busca mejorar la calidad del proceso educativo y promover un aprendizaje más efectivo. La adaptación de las prácticas pedagógicas a las necesidades y realidades del siglo XXI es fundamental para garantizar un aprendizaje por competencias y una educación interdisciplinaria.

La gestión del aula se presenta como un componente clave en los procesos de enseñanza, ya que un ambiente de aprendizaje positivo y ordenado es fundamental para el éxito académico de los estudiantes. Autores como Wang, Haertel y Walberg (1993) resaltan la importancia de establecer normas claras, gestionar el tiempo y mantener una relación positiva con los estudiantes para promover un clima propicio para el aprendizaje.

La planificación efectiva se considera esencial para asegurar que el proceso educativo se desarrolle de manera ordenada y coherente. Marzano (2003) identifica que una planificación adecuada incluye la definición clara de objetivos, la selección de contenidos pertinentes y la adaptación de métodos didácticos a las características del alumnado. Una planificación adecuada permite prever posibles dificultades y diseñar estrategias para abordarlas.

La evaluación formativa se destaca como una herramienta crucial para el desarrollo del alumnado, ya que proporciona retroalimentación continua a los estudiantes, permitiéndoles comprender sus fortalezas y áreas de mejora. Autores como Black y Wiliam (1998) argumentan que esta retroalimentación es fundamental para ajustar las estrategias de enseñanza y mejorar el aprendizaje de los estudiantes.

El enfoque educativo basado en la experiencia y la vida cotidiana destaca la importancia de aprender a través de experiencias significativas. Autores como John Dewey y Kolb subrayan que el conocimiento adquirido de manera práctica es más relevante y duradero. Metodologías como el Aprendizaje Basado en Proyectos conectan el contenido curricular con situaciones reales, promoviendo un aprendizaje profundo y significativo para los estudiantes. Este enfoque busca integrar experiencias prácticas en el currículo para facilitar una comprensión más profunda y significativa de los contenidos, lo que contribuye a un aprendizaje más efectivo y duradero.

La organización del aula es esencial para el aprendizaje, según Montessori y Méndez, un entorno bien diseñado fomenta la independencia y el aprendizaje activo. La disposición del espacio y el mobiliario deben adaptarse a las necesidades de los estudiantes para maximizar su participación y compromiso, como destaca Barrett et al. La iluminación y la disposición del aula afectan el rendimiento académico, según la investigación de Barrett et al.

En cuanto a la estructura del aula, la gestión eficaz del aula promueve un ambiente de aprendizaje positivo y ordenado, es clave para el éxito académico. Establecer normas claras, gestionar el tiempo y mantener una relación positiva con los estudiantes influye significativamente en el clima del aula y en el aprendizaje, según Wang, Haertel y Walberg. La evaluación formativa proporciona retroalimentación continua a los estudiantes, permitiéndoles comprender sus fortalezas y áreas de mejora, como argumentan Black y Wiliam.

El trabajo colaborativo promueve la interacción social y el aprendizaje activo, según Vygotsky y Pérez. El aprendizaje cooperativo mejora el rendimiento académico y el clima del aula, como destacan Johnson, Johnson y Holubec. La atención a la diversidad implica adaptar la enseñanza para satisfacer las necesidades de todos los estudiantes, según Ainscow y López. Implementar prácticas pedagógicas inclusivas es fundamental para garantizar un acceso equitativo a una educación de calidad, según Martínez.

La organización del aula es esencial para el aprendizaje, según Montessori y Méndez, un entorno bien diseñado fomenta la independencia y el aprendizaje activo. La disposición del espacio y el mobiliario deben adaptarse a las necesidades de los estudiantes para maximizar su participación y compromiso, como destaca Barrett et al. La iluminación y la disposición del aula afectan el rendimiento académico, según la investigación de Barrett et al.

En cuanto a la estructura del aula, la gestión eficaz del aula promueve un ambiente de aprendizaje positivo y ordenado, es clave para el éxito académico. Establecer normas claras, gestionar el tiempo y mantener una relación positiva con los estudiantes influye significativamente en el clima del aula y en el aprendizaje, según Wang, Haertel y Walberg. La evaluación formativa proporciona retroalimentación continua a los estudiantes, permitiéndoles comprender sus fortalezas y áreas de mejora, como argumentan Black y Wiliam.

El trabajo colaborativo promueve la interacción social y el aprendizaje activo, según Vygotsky y Pérez. El aprendizaje cooperativo mejora el rendimiento académico y el clima del aula, como destacan Johnson, Johnson y Holubec. La atención a la diversidad implica adaptar la enseñanza para satisfacer las necesidades de todos los estudiantes, según Ainscow y López. Implementar prácticas pedagógicas inclusivas es fundamental para garantizar un acceso equitativo a una educación de calidad, según Martínez.

En el oficio de maestra y maestro, las buenas prácticas docentes se basan en la investigación educativa y la experiencia profesional para optimizar el proceso de enseñanza y aprendizaje. Esto incluye la planificación efectiva, la gestión del aula, la evaluación formativa y el uso de metodologías activas como el aprendizaje basado en proyectos. Es fundamental actualizar los currículos y prácticas pedagógicas para reflejar las necesidades del siglo XXI, promoviendo la flexibilidad, la integración y el enfoque centrado en el estudiante.

La formación y desarrollo profesional del profesorado son clave en la implementación de cambios educativos, centrándose en competencias como el uso de las TIC, la educación inclusiva y la gestión de la diversidad. La colaboración entre la escuela, las familias y la comunidad es crucial para el éxito educativo, fomentando la participación activa de los padres y creando alianzas enriquecedoras. La integración de tecnologías educativas es vital para preparar a los estudiantes para un mundo digital.

La autonomía profesional y la coordinación con la comunidad educativa son esenciales para adaptar los enfoques pedagógicos a las necesidades específicas de los estudiantes. La evaluación formativa, tanto del alumnado como del currículo y las actuaciones docentes, proporciona información continua para mejorar el aprendizaje. La innovación curricular, como el aprendizaje basado en proyectos, busca mejorar el proceso educativo y hacerlo más dinámico y adaptativo. La motivación intrínseca y el deseo de aprender y enseñar son motores fundamentales en el proceso educativo. Reconocer al alumnado como sujeto educativo implica entender sus necesidades emocionales y cognitivas para brindar un apoyo adecuado.

Tema 1. El conocimiento, la educación y la escuela

1.1 Fundamentos de la didáctica

1.1.1 Definición de didáctica

La didáctica es una rama de la pedagogía centrada en los métodos y prácticas de enseñanza. Es una disciplina que se enfoca en cómo se debe enseñar de manera efectiva, explorando técnicas, estrategias y métodos que optimicen el aprendizaje de los estudiantes. Según Comenio, considerado el padre de la didáctica moderna, la didáctica debe ser la "arte de enseñar todo a todos" (Comenio, 1657).

La didáctica se ocupa de responder a preguntas fundamentales como: ¿qué enseñar?, ¿cómo enseñar?, ¿cuándo enseñar? y ¿a quién enseñar? Estas preguntas abarcan la selección de contenidos, la metodología, el momento oportuno y la adaptación a los distintos perfiles de los estudiantes.

Además de estas interrogantes básicas, la didáctica contemporánea se enfrenta a la cuestión del **"para qué enseñar"**, introduciendo la dimensión teleológica o de finalidad educativa. Esto implica que la didáctica no es solo una técnica aséptica, sino una práctica moral y política que busca la formación integral del individuo. En este sentido, Zabalza (2007) añade que la didáctica debe ocuparse también de la creación de **escenarios de aprendizaje**, desplazando el foco de la mera transmisión de información hacia el diseño de entornos donde el estudiante pueda construir su conocimiento.

La didáctica es una disciplina fundamental dentro del campo de la pedagogía, centrada en los métodos y técnicas de enseñanza que facilitan el aprendizaje efectivo. Se puede definir de diversas maneras, dependiendo de las perspectivas teóricas y contextuales que se consideren. A continuación, se presenta una definición detallada de la didáctica, respaldada por citas y referencias de autores destacados, tanto españoles como extranjeros.

Origen y Etimología

El término "didáctica" proviene del griego "didaktikós", que significa "apto para enseñar". Según Camilloni et al. (2007), la didáctica es "el conjunto de técnicas, normas y procedimientos que tienen como finalidad dirigir el aprendizaje de los alumnos hacia objetivos educativos determinados". Esta definición subraya la naturaleza normativa y procedimental de la didáctica, orientada a alcanzar metas específicas en el proceso educativo.

A su vez, el término está vinculado al verbo *didaskein* (enseñar, instruir, explicar). Desde un punto de vista epistemológico, la didáctica se sitúa en una encrucijada entre la teoría y la práctica. No es solo un saber "sobre" la enseñanza (teórico), sino un saber "para" la enseñanza (práctico-normativo). Esto le otorga su **doble dimensión**:

1. **Dimensión Explicativa:** Describe y explica el proceso de enseñanza-aprendizaje.

2. **Dimensión Proyectiva:** Propone formas de intervención para mejorar dicho proceso.

Definición Clásica y Moderna

Juan Amos Comenio Juan Amos Comenio, conocido como el padre de la didáctica moderna, definió esta disciplina en su obra "Didactica Magna" (1657) como "el arte de enseñar todo a todos". Comenio propuso una enseñanza universal y sistemática, argumentando que la educación debía ser accesible a todas las personas independientemente de su origen o estatus social. Esta perspectiva pionera sentó las bases para el desarrollo de la didáctica como una ciencia autónoma y especializada dentro de la pedagogía.

Hans Aebli Hans Aebli, un psicólogo y pedagogo suizo, destacó la importancia de los procesos mentales en la enseñanza. Según Aebli (1983), "la didáctica es la teoría de la enseñanza que se ocupa de la organización de las situaciones de aprendizaje para que los alumnos puedan adquirir competencias y conocimientos". Esta definición resalta el papel de la didáctica en la estructuración de experiencias de aprendizaje que faciliten el desarrollo cognitivo y competencial de los estudiantes.

César Coll En el contexto español, César Coll, un destacado psicólogo y pedagogo, define la didáctica como "la ciencia que estudia los procesos de enseñanza y aprendizaje en sus aspectos comunes y específicos, con el fin de proporcionar modelos y principios que orienten la acción educativa" (Coll, 1991). Esta definición enfatiza el carácter científico de la didáctica y su objetivo de generar conocimientos aplicables a la práctica educativa.

Conceptos Clave para ampliar la definición

Para comprender la didáctica en su totalidad, es necesario incorporar dos conceptos estructurantes en la formación del maestro:

1. **El Triángulo Didáctico:** Modelo propuesto inicialmente por autores como Jean Houssaye, que explica la dinámica del aula a través de tres vértices: el **Docente**, el **Estudiante** y el **Saber** (Contenido). La didáctica es la disciplina que regula las relaciones entre estos tres elementos:

   o Relación Docente-Saber: *Transposición didáctica.*

   o Relación Docente-Estudiante: *Contrato didáctico y mediación.*

   o Relación Estudiante-Saber: *Estrategias de aprendizaje y apropiación.*

2. **La Transposición Didáctica:** Concepto acuñado por **Yves Chevallard** (1991), fundamental en la didáctica general. Se define como el proceso por el cual el "saber sabio" (conocimiento científico o académico) se transforma en "saber enseñado" (conocimiento escolar). La didáctica vigila este proceso para evitar que el contenido se deforme hasta perder su rigor o sentido original al ser adaptado para el aula.

1.1.2 Historia de la didáctica

La historia de la didáctica es un reflejo de la evolución de las ideas y prácticas educativas a lo largo del tiempo. Desde las primeras reflexiones filosóficas de los griegos antiguos hasta las teorías contemporáneas del constructivismo y la educación inclusiva, la didáctica ha evolucionado para adaptarse a los cambios sociales y culturales, y para responder a las necesidades emergentes de los estudiantes. Este recorrido histórico muestra la importancia de la reflexión y la investigación continua en el campo de la educación, y la necesidad de adaptar las prácticas didácticas para promover un aprendizaje efectivo y equitativo.

La didáctica, entendida como la ciencia y el arte de la enseñanza, ha experimentado una evolución significativa a lo largo de la historia. Este recorrido incluye múltiples etapas y enfoques que han influido en la manera en que se concibe y se practica la enseñanza. A continuación, se presenta un análisis detallado de la historia de la didáctica, desde sus orígenes hasta las tendencias contemporáneas, respaldado por citas y referencias de autores destacados.

Orígenes de la Didáctica

La didáctica, aunque no con ese nombre, puede rastrearse hasta la Antigüedad. Los filósofos griegos como Sócrates, Platón y Aristóteles ya se ocupaban de cuestiones educativas que son fundamentales para la didáctica.

1. Antigüedad En la Grecia antigua, la educación era esencial para formar ciudadanos completos. Sócrates promovía el uso del diálogo para enseñar, conocido como el método socrático, el cual fomentaba el pensamiento crítico a través de preguntas y respuestas (Platón, 380 a.C.). Platón y Aristóteles también contribuyeron significativamente a la teoría educativa. Aristóteles, en particular, insistía en la importancia de la educación para el desarrollo moral y la formación de ciudadanos virtuosos (Aristóteles, 350 a.C.).

- **Sócrates (470-399 a.C.):** Sócrates, a través de su método mayéutico, promovía el aprendizaje mediante preguntas y respuestas, estimulando el pensamiento crítico y el autoconocimiento. Aunque no desarrolló una teoría didáctica formal, su enfoque influenció profundamente las prácticas educativas, estableciendo que el conocimiento no se "vuelca" en el alumno, sino que se "extrae" y construye desde su interior.

- **Platón (427-347 a.C.):** Platón, en su obra "La República", proponía un sistema educativo estructurado que incluía la formación moral y filosófica de los ciudadanos. Su visión de la educación como un medio para alcanzar la justicia social y el bien común resuena en las teorías didácticas actuales (Platón, 380 a.C.). Platón fue uno de los primeros en diferenciar etapas educativas según la edad.

- **Aristóteles (384-322 a.C.):** Aristóteles, alumno de Platón, también contribuyó significativamente a la educación. En su obra "Ética a Nicómaco", destacó la importancia de la virtud y la educación ética. Aristóteles veía la educación como un proceso teleológico, dirigido hacia el desarrollo del potencial humano, introduciendo el empirismo: el aprendizaje comienza por los sentidos.

2. Edad Media y Renacimiento Durante la Edad Media, la educación estaba fuertemente influenciada por la Iglesia. Las escuelas monásticas y catedralicias eran los principales centros educativos. La didáctica en este periodo se centraba en la instrucción religiosa y en la memorización de textos sagrados, predominando el método dogmático y verbalista.

- **Tomás de Aquino (1225-1274):** Tomás de Aquino, en su "Summa Theologica", integró la filosofía aristotélica con la doctrina cristiana, proponiendo que la razón y la fe podían coexistir. Sus ideas influyeron en la metodología educativa de la época, donde la dialéctica y el razonamiento lógico eran fundamentales (Aquinas, 1265-1274).

El Renacimiento trajo consigo un resurgimiento del interés por el conocimiento clásico y una nueva visión humanista de la educación. Esta época marcó el comienzo de la sistematización de la didáctica.

- **Juan Luis Vives (1493-1540):** Juan Luis Vives, un humanista español, es considerado uno de los precursores de la psicología educativa y la didáctica diferencial. En su obra "De Tradendis Disciplinis" (1531), defendió una educación basada en el conocimiento empírico y la observación, promoviendo métodos de enseñanza que involucraban activamente a los estudiantes y la necesidad de adaptar la enseñanza a las aptitudes de cada individuo.

3. La Didáctica Moderna La didáctica como disciplina formal comenzó a tomar forma en el siglo XVII con la obra de Juan Amos Comenio (1592-1670). Comenio es conocido como el padre de la didáctica moderna.

- **Juan Amos Comenio:** En su obra "Didactica Magna" (1657), Comenio propuso un sistema educativo universal y estructurado, donde la educación era vista como un derecho humano fundamental. Defendía una enseñanza gradual y adaptada a las capacidades naturales de los estudiantes, con un enfoque en el aprendizaje a través de la experiencia sensorial. Comenio también introdujo el concepto de "pansofía", o el conocimiento de todas las cosas, sugiriendo una educación integral y holística (Comenio, 1657). Comenio sistematizó el horario escolar y la enseñanza simultánea (un maestro para muchos alumnos), rompiendo con la tutoría individual aristocrática.

4. Siglo XVIII y XIX: La Ilustración y el Romanticismo El siglo XVIII, conocido como la Ilustración, trajo consigo una mayor valoración de la razón y la ciencia. La educación empezó a ser vista como un medio para el progreso social y la emancipación humana.

- **Jean-Jacques Rousseau (1712-1778):** Rousseau, en su obra "Emilio, o De la educación" (1762), criticó la educación tradicional y propuso una educación natural que respetara el desarrollo espontáneo del niño (paidocentrismo). Según Rousseau, el aprendizaje debía ser una exploración guiada por el interés y la curiosidad del estudiante, más que por la imposición de conocimientos preestablecidos (Rousseau, 1762). Rousseau "descubre" al niño como una entidad distinta del adulto, con sus propias leyes de desarrollo.

- **Johann Heinrich Pestalozzi (1746-1827):** Pestalozzi, influido por Rousseau, implementó sus ideas en la práctica. Creía en una educación basada en el amor y el respeto por el niño, enfatizando el aprendizaje a través de la experiencia y el desarrollo de habilidades prácticas (intuición objetiva). Su enfoque holístico integraba el desarrollo intelectual, moral y físico del estudiante: "cabeza, corazón y mano" (Pestalozzi, 1801).

- **Friedrich Fröbel (1782-1852):** Fröbel, conocido como el creador del jardín de infancia (*Kindergarten*), también fue influenciado por las ideas de Rousseau y Pestalozzi. En su obra "La educación del hombre" (1826), propuso que el juego era un medio fundamental para el aprendizaje infantil. Fröbel diseñó una serie de materiales educativos, conocidos como los "dones de Fröbel", para estimular el desarrollo cognitivo y creativo de los niños (Fröbel, 1826).

Es importante mencionar en este periodo el nacimiento de la **Escuela Nueva** (finales del XIX y principios del XX), un movimiento de renovación pedagógica que reaccionó contra la escuela tradicional, pasiva y memorística. Figuras como **Maria Montessori**, **Ovide Decroly** y **Célestin Freinet** aportaron métodos activos que ponían al alumno como protagonista, introduciendo materiales manipulativos, centros de interés y la imprenta escolar, respectivamente.

5. Siglo XX: Nuevas Teorías y Enfoques El siglo XX vio la aparición de diversas teorías psicológicas y pedagógicas que transformaron la didáctica, pasando de un enfoque normativo a uno explicativo y fundamentado en la psicología del aprendizaje.

- **John Dewey (1859-1952):** Dewey, uno de los principales representantes del pragmatismo y la Escuela Nueva en EE. UU., defendió una educación democrática y participativa. En su obra "Democracia y educación" (1916), propuso que la educación debía preparar a los individuos para la vida en sociedad, fomentando el pensamiento crítico y la resolución de problemas (método del problema). Dewey subrayó la importancia de la experiencia y el aprendizaje activo ("learning by doing"), sugiriendo que los estudiantes deben ser participantes activos en su propio proceso de aprendizaje (Dewey, 1916).

- **Jean Piaget (1896-1980):** Piaget, psicólogo suizo, desarrolló una teoría del desarrollo cognitivo (Epistemología Genética) que tuvo un profundo impacto en la didáctica. Según Piaget, el aprendizaje es un proceso constructivo donde los individuos desarrollan su comprensión a través de la interacción con el entorno y la resolución de problemas (procesos de asimilación y acomodación). Su teoría de las etapas del desarrollo cognitivo sugiere que los métodos de enseñanza deben adaptarse a las capacidades cognitivas de los estudiantes en diferentes edades (Piaget, 1952).

- **Lev Vygotsky (1896-1934):** Vygotsky, psicólogo ruso, enfatizó la importancia del contexto social y cultural en el aprendizaje. Introdujo el concepto de la Zona de Desarrollo Próximo (ZDP), que es el rango de tareas que un estudiante puede realizar con la ayuda de un guía más experimentado (andamiaje). Vygotsky argumentó que el aprendizaje es un proceso mediado socialmente, y que la interacción social juega un papel crucial en el desarrollo cognitivo (Vygotsky, 1978).

- **David Ausubel (1918-2008):** Ausubel desarrolló la teoría del aprendizaje significativo, que sostiene que el aprendizaje es más efectivo cuando los nuevos conocimientos se relacionan de manera sustantiva y no arbitraria con la estructura cognitiva preexistente del estudiante. Según Ausubel, la clave para un aprendizaje efectivo es la organización de la información y el uso de organizadores previos (Ausubel, 1968).

6. Enfoques Contemporáneos En las últimas décadas, la didáctica ha seguido evolucionando, incorporando nuevas teorías y enfoques basados en investigaciones empíricas, desarrollos tecnológicos y teorías críticas.

- **Constructivismo:** El constructivismo, influenciado por las teorías de Piaget y Vygotsky, se ha convertido en una de las perspectivas más influyentes en la didáctica contemporánea. Este enfoque sostiene que el aprendizaje es un proceso activo de construcción del conocimiento, donde los estudiantes desarrollan su comprensión a través de la interacción con el entorno y la colaboración con otros (Fosnot, 2005). El error se considera parte necesaria del aprendizaje y no algo a penalizar.

- **Aprendizaje Basado en Proyectos (ABP):** El ABP es un enfoque didáctico que se centra en la realización de proyectos como medio para adquirir conocimientos y habilidades. Este enfoque promueve el aprendizaje activo y significativo, ya que los estudiantes trabajan en proyectos reales y relevantes que requieren la aplicación de conocimientos interdisciplinarios (Bell, 2010), fomentando la autonomía y la conexión con la realidad social.

- **Educación Inclusiva:** La educación inclusiva es un enfoque que busca asegurar que todos los estudiantes, independientemente de sus capacidades o antecedentes, tengan acceso a una educación de calidad. Este enfoque enfatiza la importancia de la adaptación de los métodos y recursos educativos para satisfacer las necesidades diversas de los estudiantes (Ainscow, 2005), superando el modelo de integración para llegar a la plena inclusión.

- **Didáctica Crítica:** Influenciada por la Escuela de Frankfurt (Habermas) y pedagogos como Paulo Freire y Henry Giroux, este enfoque cuestiona la neutralidad de la enseñanza. Propone que la didáctica debe servir para emancipar al estudiante, fomentando una conciencia crítica sobre las desigualdades sociales y el poder hegemónico.

1.2 Retos sociales del siglo XXI y función social de la escuela y de la educación obligatoria

1.2.1 Retos sociales del siglo XXI

El siglo XXI se caracteriza por profundos cambios sociales, económicos y tecnológicos que plantean nuevos retos para la educación. Zygmunt Bauman definió este contexto como **"Modernidad Líquida"**, una época donde las instituciones y las certezas sólidas se disuelven, obligando a la educación a preparar a los individuos para la incertidumbre y el cambio constante. La globalización, la revolución digital, el cambio climático, y la creciente desigualdad social son solo algunas de las fuerzas que están remodelando nuestro mundo. En este contexto, la escuela y la educación obligatoria juegan un papel crucial en la preparación de las nuevas generaciones para enfrentar estos desafíos. Este texto examina los principales retos sociales del siglo XXI y analiza cómo la educación obligatoria puede responder a estas demandas, cumpliendo su función social de formar ciudadanos competentes, críticos y comprometidos con el bienestar común.

Retos Sociales del Siglo XXI

Globalización y Diversidad Cultural La globalización ha intensificado los intercambios culturales, económicos y políticos a nivel mundial, creando sociedades cada vez más diversas y multiculturales. Esta diversidad presenta tanto oportunidades como desafíos para la convivencia y el entendimiento mutuo. Según Banks (2008), "la educación multicultural es esencial en el siglo XXI para preparar a los estudiantes a vivir y trabajar en un mundo diverso y pluralista". La escuela debe fomentar el respeto y la valoración de las diferencias culturales, promoviendo la inclusión y la igualdad de oportunidades para todos los estudiantes, independientemente de su origen étnico, religión o lengua. Esto implica transitar desde una visión multicultural (coexistencia de culturas) hacia una **intercultural** (interacción y enriquecimiento mutuo).

Revolución Digital y Sociedad del Conocimiento La revolución digital ha transformado todos los aspectos de la vida, desde la manera en que nos comunicamos hasta cómo trabajamos y aprendemos. La capacidad de acceder, analizar y utilizar la información es crucial en la sociedad del conocimiento. Como señala Prensky (2001), "los estudiantes de hoy son nativos digitales, y las escuelas deben adaptarse a sus necesidades y estilos de aprendizaje". La integración de las tecnologías de la información y la comunicación (TIC) en la educación no solo mejora el acceso al conocimiento, sino que también desarrolla competencias digitales esenciales para el futuro. Sin embargo, surge el reto de la **brecha digital,** no solo de acceso, sino de uso crítico, evitando que la tecnología sea un mero distractor o reproductor de desigualdades.

Cambio Climático y Sostenibilidad El cambio climático es uno de los mayores retos que enfrenta la humanidad. La educación para la sostenibilidad es crucial para preparar a los estudiantes a comprender y abordar los problemas ambientales. Sterling (2001) argumenta que "la educación debe transformar los sistemas de valores y comportamientos para promover una cultura de sostenibilidad". Las escuelas deben inculcar una conciencia ecológica y fomentar prácticas sostenibles que contribuyan a la conservación del planeta, alineándose con los **Objetivos de Desarrollo Sostenible (ODS)** de la Agenda 2030 de la ONU.

Desigualdad Social y Pobreza A pesar del progreso económico, la desigualdad social y la pobreza persisten como problemas graves en muchas sociedades. La educación es una herramienta poderosa para romper el ciclo de la pobreza y promover la equidad social. De acuerdo con Sen (1999), "la educación expande las capacidades y oportunidades de los individuos, contribuyendo al desarrollo humano y a la justicia social". Las políticas educativas deben enfocarse en garantizar el acceso y la calidad de la educación para todos, especialmente para los grupos más vulnerables.

Salud Mental y Bienestar El bienestar emocional y la salud mental de los estudiantes son fundamentales para su desarrollo integral. El estrés, la ansiedad y otros problemas de salud mental están en aumento entre los jóvenes, exacerbados por la presión académica y la sobreexposición a redes sociales. La Organización Mundial de la Salud (OMS, 2020) destaca que "las escuelas tienen un papel crucial en la promoción de la salud mental y el bienestar de los estudiantes". Es esencial que las instituciones educativas ofrezcan apoyo psicológico y promuevan un ambiente escolar saludable y seguro, integrando la **educación emocional** de manera transversal en el currículo.

1.2.2 Función Social de la Escuela y la Educación Obligatoria

La escuela no solo es un lugar de aprendizaje académico, sino también un espacio donde se desarrollan valores, habilidades sociales y actitudes fundamentales para la vida en sociedad. Tradicionalmente, se asignan a la escuela tres funciones básicas: **socialización** (integrar al individuo en la cultura), **instrucción** (transmisión de saberes) y **custodia**(cuidado de los menores). Sin embargo, en la actualidad, estas funciones se han complejizado. A continuación, se analizan algunas de las funciones sociales más importantes de la educación obligatoria en el siglo XXI.

Formación de Ciudadanos Democráticos La educación tiene la responsabilidad de formar ciudadanos democráticos que participen activamente en la vida pública y contribuyan al bien común. La educación cívica y ética es esencial para promover los valores de la democracia, los derechos humanos y la justicia social. Gutmann (1999) sostiene que "la educación democrática debe capacitar a los estudiantes para deliberar y decidir sobre cuestiones públicas, respetando la diversidad y promoviendo la igualdad". Las escuelas deben fomentar el pensamiento crítico, la participación ciudadana y el compromiso social, evitando el adoctrinamiento y favoreciendo la autonomía moral.

Promoción de la Igualdad y la Inclusión Social La escuela es un agente clave en la promoción de la igualdad y la inclusión social. La educación inclusiva busca eliminar las barreras que impiden la participación plena de todos los estudiantes, especialmente aquellos con necesidades educativas especiales y de minorías desfavorecidas. Según Ainscow (2005), "la educación inclusiva es una cuestión de derechos humanos y justicia social". Las escuelas deben adaptar sus prácticas pedagógicas y organizativas para atender la diversidad y garantizar que todos los estudiantes tengan las mismas oportunidades de aprendizaje. Aquí la escuela ejerce una **función compensadora**, intentando equilibrar las carencias de origen socioeconómico o cultural.

Desarrollo de Competencias para el Siglo XXI El mundo laboral y social requiere competencias nuevas y complejas, como el pensamiento crítico, la creatividad, la colaboración y la alfabetización digital. La educación obligatoria debe preparar a los estudiantes para enfrentar los desafíos del futuro y adaptarse a un entorno en constante cambio. Trilling y Fadel (2009) identifican las "habilidades del siglo XXI" como esenciales para el éxito en la vida personal y profesional. Las escuelas deben desarrollar currículos que integren estas competencias, promoviendo el aprendizaje activo y significativo. Esto se relaciona con el "Informe Delors" de la UNESCO, que establece los cuatro pilares de la educación: **Aprender a conocer, aprender a hacer, aprender a vivir juntos y aprender a ser.**

Fomento de la Convivencia y la Paz La educación para la paz y la convivencia es fundamental en un mundo cada vez más conflictivo y polarizado. Las escuelas deben ser espacios donde se cultiven la empatía, el diálogo y la resolución pacífica de conflictos. Harris y Morrison (2013) argumentan que "la educación para la paz busca transformar la cultura de violencia en una cultura de paz". Las prácticas de mediación escolar y programas de convivencia pueden ayudar a construir ambientes escolares armónicos y respetuosos, actuando como laboratorios de ciudadanía.

Educación para el Desarrollo Sostenible La educación para el desarrollo sostenible (EDS) es crucial para preparar a los estudiantes a enfrentar los retos ambientales y construir un futuro sostenible. La EDS promueve la comprensión de los problemas globales y locales y fomenta el compromiso con acciones concretas para la sostenibilidad. Tilbury (2011) subraya que "la EDS integra principios y prácticas sostenibles en todos los aspectos de la educación y el aprendizaje". Las escuelas deben incorporar la sostenibilidad en sus currículos y prácticas diarias, inspirando a los estudiantes a ser agentes de cambio en sus comunidades.

1.2.3 Estrategias para Responder a los Retos Sociales

Para que la educación obligatoria cumpla eficazmente su función social en el siglo XXI, es necesario implementar una serie de estrategias y políticas educativas que trasciendan la mera transmisión de contenidos.

Reforma Curricular y Pedagógica Es esencial actualizar los currículos y las prácticas pedagógicas para reflejar las necesidades y realidades del siglo XXI. Los currículos deben ser flexibles, integradores y centrados en el estudiante, promoviendo el aprendizaje por competencias y la interdisciplinariedad (trabajo por ámbitos o proyectos). Según Fullan (2001), "la reforma educativa debe centrarse en el cambio profundo de la cultura escolar y la práctica pedagógica". Las metodologías activas, como el aprendizaje basado en proyectos y la educación experiencial, pueden hacer el aprendizaje más relevante y significativo. Asimismo, es necesario transitar de una evaluación sumativa (calificadora) a una **evaluación formativa** que regule el aprendizaje.

Formación y Desarrollo Profesional del Profesorado Los docentes son los agentes clave en la implementación de cambios educativos. La formación inicial y continua del profesorado debe enfocarse en desarrollar las competencias necesarias para enfrentar los retos del siglo XXI, incluyendo el uso de las TIC, la educación inclusiva y la gestión de la diversidad. Day (1999) destaca que "el desarrollo profesional continuo es esencial para mejorar la calidad de la enseñanza y el aprendizaje". Programas de formación centrados en la práctica reflexiva (el profesor como investigador en el aula) y la colaboración entre docentes pueden fortalecer las capacidades profesionales.

Inclusión de la Comunidad y las Familias La colaboración entre la escuela, las familias y la comunidad es crucial para el éxito educativo. Las escuelas deben fomentar la participación activa de los padres y la comunidad en el proceso educativo, creando alianzas que enriquezcan el aprendizaje y el desarrollo de los estudiantes, abriendo la escuela al entorno (Comunidades de Aprendizaje). Epstein (2001) propone el modelo de "partería educativa" donde la colaboración entre la escuela y la familia mejora los resultados educativos. Iniciativas como talleres para padres, programas de voluntariado y comités escolares pueden fortalecer estos vínculos.

Uso de Tecnologías Educativas La integración de las tecnologías de la información y la comunicación (TIC) en la educación es vital para preparar a los estudiantes para un mundo digital. Las TIC pueden enriquecer el aprendizaje, proporcionar recursos educativos accesibles y personalizar la enseñanza (Diseño Universal para el Aprendizaje - DUA). Selwyn (2011) argumenta que "la tecnología tiene el potencial de transformar la educación, pero su implementación debe ser pedagógicamente fundada". Las políticas educativas deben asegurar el acceso equitativo a las tecnologías y capacitar a los docentes en su uso efectivo, priorizando la **Tecnología para el Aprendizaje y el Conocimiento (TAC)** sobre el mero uso instrumental.

Políticas de Equidad y Justicia Social Es fundamental implementar políticas que garanticen la equidad y la justicia social en la educación. Esto incluye la asignación equitativa de recursos, el apoyo a estudiantes con necesidades especiales y la eliminación de barreras que perpetúan la desigualdad. Lynch y Baker (2005) subrayan que "las políticas educativas deben abordar las desigualdades estructurales y promover la equidad". La financiación adecuada de las escuelas, programas de becas y ayudas, y el seguimiento de la diversidad son medidas necesarias para promover una educación justa.

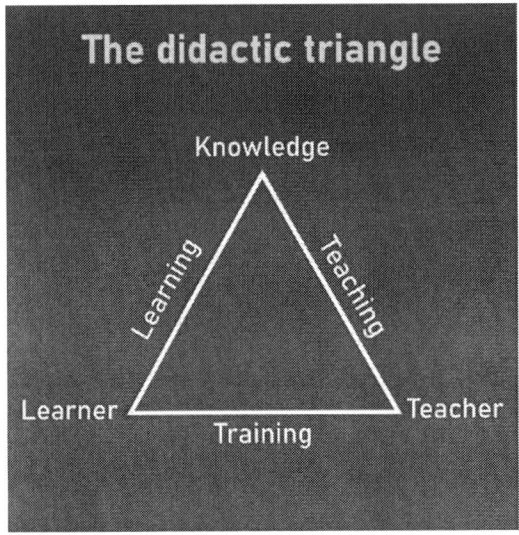

Tema 2. El currículo

Introducción: La partitura de la acción educativa

La formación inicial del profesorado requiere comprender que la enseñanza no es una actividad improvisada ni neutra, sino que responde a un proyecto cultural y educativo intencional. Si la Didáctica es la ciencia de la enseñanza, el **Currículo** constituye su objeto central de estudio y acción.

Etimológicamente, *currículo* proviene del latín *currere* (carrera, recorrido). Sin embargo, reducirlo a un "plan de estudios" o a un índice de contenidos sería un error simplista. **Gimeno Sacristán (2010)**, uno de los mayores teóricos españoles en la materia, lo define metafóricamente como "la partitura que interpreta el profesorado, pero también la música que finalmente suena en las aulas". Es el eslabón que une la teoría pedagógica con la práctica escolar, el puente entre la cultura y el alumnado.

En la actualidad, el sistema educativo español y valenciano atraviesa una transformación profunda impulsada por la **LOMLOE (Ley Orgánica 3/2020)**. Hemos transitado de un currículo enciclopédico, centrado en la acumulación de datos, a un **currículo competencial**. El objetivo ya no es solo "saber", sino "saber hacer" y "saber ser". Este cambio de paradigma obliga al docente a dejar de ser un mero ejecutor de libros de texto para convertirse en un **diseñador curricular**.

Como señala **Lawrence Stenhouse (1984)**, "el currículo es una tentativa para comunicar los principios y rasgos de un propósito educativo de forma tal que permanezca abierto a discusión crítica y pueda ser trasladado efectivamente a la práctica". Por tanto, en este tema no solo analizaremos los documentos legales (**Decreto 106/2022**), sino también las dimensiones ocultas de la escuela (lo que se enseña sin decirlo), la arquitectura de la planificación (situaciones de aprendizaje) y las metodologías activas que permiten materializar las intenciones educativas.

Entender el currículo es entender las reglas del juego de la profesión docente: responde a las preguntas nucleares de **qué, cómo y cuándo enseñar y evaluar**, pero sobre todo, responde a la pregunta política y ética: **¿para qué educamos?**

2.1 Enfoques teóricos sobre el currículo

El término "currículo" es uno de los más controvertidos y polisémicos en la literatura pedagógica. Etimológicamente proviene del latín *currere* (carrera, curso, recorrido), sugiriendo la idea de un trayecto que el estudiante debe realizar. Sin embargo, reducir el currículo a un plan de estudios o un índice de contenidos es una visión simplista. **Gimeno Sacristán (2010)**, catedrático de la Universidad de Valencia, lo define como "el proyecto selectivo de cultura, cultural, social, política y administrativamente condicionado, que rellena la actividad escolar y que se hace realidad dentro de las condiciones de la escuela tal como se halla configurada". Esta definición implica que el currículo no es neutro; es una construcción social que selecciona qué conocimientos son legítimos y cuáles no.

Para comprender la complejidad del currículo, es necesario analizar los paradigmas teóricos que lo sustentan:

1. Enfoque Académico-Tradicional (Interés Técnico-Reproductor)

Este enfoque, predominante hasta mediados del siglo XX, concibe el currículo como un **cuerpo de conocimientos acumulados** que deben ser transmitidos de generación en generación.

- **Visión del conocimiento:** El saber es estático, universal y fragmentado en disciplinas estancas (asignaturismo).

- **Rol del docente y alumno:** El docente es un *magíster* (poseedor de la verdad) que vierte conocimientos sobre un alumno *tabula rasa* (receptor pasivo).

- **Fundamentos:** Se apoya en el racionalismo académico (**Hutchins, 1953**; **Adler, 1982**). En España, este enfoque pervive en la cultura del "libro de texto" y la obsesión por "terminar el temario", donde el éxito se mide por la capacidad de retención memorística.

- **Crítica:** Fomenta un aprendizaje descontextualizado y efímero. Como señala **Pérez Gómez (1998)**, genera una "cultura escolar" paralela que tiene poco valor de uso en la vida real del alumnado.

2. Enfoque Técnico-Racional (Interés Técnico-Eficientista)

Surge con fuerza en la etapa industrial y busca la eficiencia. El currículo es un **plan de instrucción** diseñado para lograr productos (aprendizajes) predefinidos.

- **La Pedagogía por Objetivos:** Su máximo exponente, **Ralph Tyler (1973)**, estableció que toda planificación debe partir de objetivos conductuales observables. El diseño curricular se convierte en una ingeniería educativa: si se aplican los *inputs* correctos, se obtendrán los *outputs* esperados.

- **División del trabajo:** Separa radicalmente a los diseñadores del currículo (expertos, políticos) de los ejecutores (docentes), produciendo lo que **Apple (1986)** denomina la "descualificación profesional" del maestro.

- **Influencia en España:** Fue la base de la Ley General de Educación de 1970 y, parcialmente, de la LOGSE (con matices constructivistas aportados por **Coll, 1991**).

3. Enfoque Humanista (Interés Práctico)

Frente a la frialdad técnica, este enfoque pone el énfasis en la **persona** y su proceso de crecimiento.

- **Paidocentrismo:** El currículo debe adaptarse a las necesidades, intereses y ritmos del estudiante, no al revés.

- **Fundamentos:** Se nutre de la psicología humanista (**Rogers, 1969**; **Maslow, 1991**). En la práctica actual, este enfoque resuena en las pedagogías activas y en la importancia dada a la **educación emocional** (**Bisquerra, 2000**) y al clima de aula (**Santos Guerra, 2006**).

4. Enfoque Reconceptualista o Procesual (Interés Práctico-Deliberativo)

Este enfoque marca un giro copernicano: el currículo no es un documento previo (prescripción), sino lo que realmente ocurre en el aula (**acción**).

- **El currículo como proceso: Lawrence Stenhouse (1984)** defiende que el currículo es una hipótesis que el profesor pone a prueba en el laboratorio del aula.

- **El docente investigador:** Se exige un perfil de "profesional reflexivo" (**Schön, 1992**) que adapta y evalúa el currículo constantemente. No hay recetas universales, sino juicios profesionales situados.

- **Dimensión artística: Elliot Eisner (2002)** sugiere que la enseñanza requiere "tacto", sensibilidad y capacidad de improvisación educada.

5. Enfoque Socio-Crítico (Interés Emancipador)

Entiende el currículo como una **construcción ideológica**. La escuela no es una isla, sino parte de una estructura social y política.

- **Currículo y Poder:** Autores como **Michael Apple (1986)** y **Giroux (1992)** denuncian que el currículo tradicional reproduce las desigualdades de clase, género y etnia.

- **Objetivo:** La educación debe servir para la emancipación y la transformación social.

- **Conexión actual:** Este enfoque fundamenta los ejes transversales de la **LOMLOE** (educación para el desarrollo sostenible, igualdad de género, competencia ciudadana) y la visión de **Jurjo Torres Santomé (2011)** sobre la justicia curricular.

2.2 El currículo explícito, oculto y nulo

La realidad escolar es poliédrica. Lo que se aprende en la escuela no se limita a lo que aparece en los documentos oficiales. Para analizar la experiencia educativa en su totalidad, **Elliot Eisner (2002)**, en su obra fundamental *La escuela que necesitamos*, propuso distinguir tres dimensiones del currículo que operan simultáneamente en el aula. Comprender esta triada es vital para que el docente pase de ser un mero transmisor a un profesional reflexivo capaz de controlar los efectos de su práctica.

2.2.1 El Currículo Explícito (prescriptivo y oficial)

El currículo explícito constituye la oferta educativa pública, declarada y consensuada administrativamente. Es la "cara visible" de la escuela.

- **Definición y Naturaleza:** Se refiere al conjunto de intenciones educativas (objetivos, competencias, saberes y criterios de evaluación) que están formalmente planificados y legislados. Es el "guion" oficial de la enseñanza.

- **Fundamentación Teórica:**

  - **Gimeno Sacristán (2010)** lo define como el "proyecto selectivo de cultura". No es una recopilación neutra de saberes, sino el resultado de una pugna social y política por determinar qué conocimiento es "valioso" y merece ser transmitido.

  - **Michael Apple (1986)** denomina a este currículo "Conocimiento Oficial". Argumenta que el currículo explícito legitima la visión del mundo de los grupos hegemónicos, presentando como verdades universales lo que a menudo son construcciones culturales particulares.

  - **Basil Bernstein (1998)** analiza este currículo a través de los conceptos de "clasificación" (cuánto se separan las asignaturas entre sí) y "enmarcación" (cuánto control tiene el profesor/alumno sobre lo que se aprende). El currículo explícito tradicional suele tener una clasificación fuerte (asignaturas estancas), mientras que la LOMLOE tiende a una clasificación débil (trabajo por ámbitos).

- **Concreción Normativa:** En la Comunidad Valenciana, este currículo se materializa en el **Decreto 106/2022**, que establece los saberes básicos y competencias específicas obligatorios. Su función principal es garantizar la igualdad de oportunidades y la homologación de títulos.

- **Problemática:** Existe una brecha inevitable entre el *currículo prescrito* (lo que dice el BOE) y el *currículo presentado* (lo que recogen los libros de texto) o el *currículo real* (lo que finalmente se enseña en clase). El docente actúa como filtro mediador entre la norma y el alumno.

2.2.2 El Currículo Oculto (implícito y vivido)

Si el explícito es lo que se dice, el oculto es lo que se hace. Se refiere a los aprendizajes inintencionados, normas, valores, actitudes y creencias que se transmiten a través de la estructura, la organización espacial y temporal, y las relaciones sociales en la escuela. A menudo, estos aprendizajes son más duraderos que los académicos.

- **Orígenes y Definición:**

  - **Philip Jackson (2001)** acuñó el término en su obra *La vida en las aulas* (1968). Identificó tres rasgos constantes de la vida escolar que moldean el comportamiento del alumno: **la multitud** (aprender a vivir con otros y esperar turnos), **el elogio** (aprender a ser evaluado constantemente) y **el poder** (la distinción entre quien manda y quien obedece).

- **Mecanismos de transmisión (¿Cómo funciona?):**

  o **Organización del espacio y tiempo:** Pupitres en filas individuales mirando a la pizarra transmiten una concepción jerárquica del saber y fomentan la pasividad y el individualismo, frente a mesas agrupadas que sugieren cooperación.

  o **Jerarquía de saberes:** Que las Matemáticas tengan más horas que la Educación Artística enseña implícitamente qué tipos de inteligencia valora la sociedad y cuáles son "de segunda clase".

  o **El sistema de evaluación:** Enseña al alumno que el objetivo del aprendizaje es la calificación (valor de cambio) y no el desarrollo personal (valor de uso).

- **Dimensiones críticas:**

  o **Reproducción Social: Jurjo Torres Santomé (2005)**, el mayor referente en España sobre este tema, argumenta que el currículo oculto funciona como un mecanismo de reproducción ideológica, preparando a los estudiantes de clases trabajadoras para la obediencia y la rutina laboral.

  o **Sesgo de Género: Marina Subirats (1994)** ha estudiado cómo la escuela, a pesar de ser mixta, sigue transmitiendo modelos androcéntricos (ej. el uso del masculino genérico, la invisibilización de las mujeres en los ejemplos, o la tolerancia distinta ante conductas disruptivas de niños vs. niñas).

- **Intervención Docente:** El objetivo no es eliminar el currículo oculto (es imposible), sino hacerlo visible para analizarlo críticamente y transformarlo en valores democráticos y equitativos.

2.2.3. El Currículo Nulo (lo ausente)

Lo que la escuela decide **no enseñar** también tiene un impacto educativo profundo. El currículo nulo está formado por aquellos contenidos, procesos intelectuales y valores que son sistemáticamente excluidos de la enseñanza.

- **Concepto: Eisner (2002)** sentencia que "la ignorancia no es un vacío neutral". Lo que se omite en la escuela envía un mensaje potente a los estudiantes: "esto no es importante", "esto no existe" o "esto no es apropiado para el ámbito académico".

- **Tipologías de Currículo Nulo: Flinders, Noddings y Thornton (1986)** identifican varias causas de estas omisiones:

  1. **Por procesos intelectuales:** Cuando la escuela se centra solo en la memoria y el pensamiento lógico, convierte en nulo el pensamiento crítico, la intuición, la creatividad o la imaginación metafórica.

  2. **Por contenido:** Temas que se evitan por ser controvertidos, incómodos o considerados de "baja cultura".

- **Ejemplos de Currículo Nulo Histórico y Actual:**
  - La historia y contribuciones de las mujeres (androcentrismo).
  - La cultura e historia del pueblo gitano (especialmente relevante en España).
  - La educación financiera crítica y el funcionamiento real de la economía doméstica.
  - La gestión del duelo, la muerte y la salud mental.
  - La sexualidad diversa y las nuevas estructuras familiares.

- **Impacto:** Al negar el acceso a estos conocimientos, la escuela limita las opciones de los estudiantes para comprender el mundo y actuar en él. La **LOMLOE** intenta reducir el currículo nulo introduciendo enfoques transversales (perspectiva de género, memoria democrática, desarrollo sostenible), obligando a traer al aula lo que antes se quedaba fuera.

2.3 Los niveles de concreción curricular

La concreción curricular es un proceso esencial y dinámico en la educación que adapta el currículo general a las necesidades específicas de los contextos educativos y los estudiantes. Este proceso asegura que el currículo nacional o regional se implemente de manera efectiva, relevante y situada en las aulas.

En un estado descentralizado como España, el currículo no se aplica de forma monolítica. Se estructura a través de los **niveles de concreción curricular**, que actúan como un sistema de "cascada" o filtrado progresivo. Como señala **Antúnez (1987)**, estos niveles son la garantía de la **autonomía pedagógica**, permitiendo transitar desde las prescripciones abstractas de la ley hasta la práctica educativa real y tangible con un alumno concreto. A continuación, se exploran exhaustivamente los cuatro niveles de concreción, sus características legislativas y pedagógicas, y las implicaciones para la práctica educativa.

1. Primer nivel: Diseño Curricular Base (Nivel Normativo)

El currículo básico es establecido por la administración educativa y proporciona una base común para todos los estudiantes. Este nivel asegura la coherencia, la homologación de los títulos y la equidad en la educación nacional. Es un nivel **prescriptivo**, es decir, de obligado cumplimiento.

Definición y Características: El nivel nacional o regional es el primer nivel de concreción curricular. En España, debido a la distribución de competencias entre el Estado y las Comunidades Autónomas, este nivel se subdivide en dos escalones complementarios:

1. **Nivel Estatal (Las Enseñanzas Mínimas):** El Ministerio de Educación fija los aspectos básicos del currículo que deben cumplirse en todo el territorio español. Actualmente, bajo la **LOMLOE (Ley Orgánica 3/2020)**, esto se regula mediante el **Real Decreto 157/2022**, de 1 de marzo, por el que se establecen la ordenación y las enseñanzas mínimas de la Educación Primaria. El Estado define los Objetivos de Etapa, las Competencias Clave y el Perfil de Salida. En las

comunidades con lengua cooficial, como la Comunidad Valenciana, estas enseñanzas mínimas ocupan el **50% del horario escolar**.

2. **Nivel Autonómico (El Currículo):** La Conselleria de Educación completa y desarrolla las enseñanzas mínimas. En la Comunidad Valenciana, esto se materializa en el **Decreto 106/2022, de 5 de agosto**, del Consell. Este documento no es una mera copia del estatal, sino que incorpora la **lengua propia (Valenciano)**, elementos de la historia y geografía valenciana, y define la carga horaria de las asignaturas.

Fundamentos Teóricos:

- **Ralph Tyler (1973)**, en su trabajo *Basic Principles of Curriculum and Instruction*, introdujo el concepto de planificación curricular basada en objetivos. Tyler argumentó que el currículo a nivel nacional debe establecer metas claras y medibles para asegurar la coherencia y la equidad en el sistema educativo.

- **César Coll (1991)**, ideólogo de la reforma educativa española, defiende que este nivel debe ser lo suficientemente abierto y flexible ("currículo abierto") para permitir que los docentes lo adapten, a diferencia de los modelos centralistas ("currículo cerrado").

- **Jerome Bruner (1960)** influyó en este nivel con su teoría del "currículo espiral", proponiendo que los conceptos fundamentales deben revisarse repetidamente con mayor complejidad a medida que el alumno avanza de curso.

Críticas: La uniformidad del currículo nacional puede no reflejar adecuadamente las necesidades y características locales de los estudiantes. Además, el exceso de regulación administrativa a veces deja poco margen real para la autonomía docente, fenómeno que **Gimeno Sacristán (2010)** critica como una "burocratización del conocimiento".

2. Segundo nivel: Proyecto Educativo de Centro (Nivel Institucional)

Una vez establecido el marco legal, los centros educativos adaptan el currículo a sus contextos particulares. Esta adaptación permite que el currículo sea flexible y se ajuste a las realidades locales (barrio, nivel socioeconómico, tipología de familias, recursos del entorno).

Definición y Características: El nivel institucional se refiere a la toma de decisiones colegiada por parte del equipo docente de un colegio. El documento marco es el **Proyecto Educativo de Centro (PEC)**, que incluye la **Propuesta Pedagógica** (anteriormente conocida como Proyecto Curricular). En este nivel, el centro dota de identidad propia a la enseñanza.

En la Comunidad Valenciana, según el **Decreto 106/2022**, los centros deben concretar:

- **La línea metodológica:** ¿Se trabajará por proyectos (ABP), por ambientes de aprendizaje o mediante libros de texto?

- **La organización de espacios y tiempos:** Decidir si se agrupan las asignaturas en **Ámbitos** (ej. Ámbito Sociolingüístico) para favorecer la interdisciplinariedad.

- **El Proyecto Lingüístico de Centro (PLC):** Que determina la exposición a las lenguas (valenciano, castellano, inglés) según la Ley de Plurilingüismo.

- **Criterios de evaluación y promoción:** Acuerdos sobre qué se considera imprescindible para que un alumno promocione de ciclo.

Fundamentos Teóricos:

- **Serafín Antúnez (1987)** destaca que el PEC es el instrumento que transforma una "escuela franquicia" (donde todas son iguales) en una escuela con personalidad propia, capaz de responder a su entorno inmediato.

- **Hilda Taba (1974)**, en su trabajo *Curriculum Development*, destacó la importancia de la adaptación del currículo a nivel institucional, proponiendo que las decisiones deben considerar las necesidades diagnósticas de la comunidad educativa específica.

- **Michael Apple (1996)** discutió cómo el currículo puede ser influenciado por contextos locales, argumentando que la adaptación regional y de centro puede reflejar y respetar las realidades culturales y políticas de una comunidad.

Ejemplos en la Práctica: Un colegio situado en la Albufera de Valencia puede incluir en su Proyecto Educativo el estudio del ecosistema del humedal de forma transversal en Ciencias y Matemáticas, mientras que un colegio en el centro de la ciudad podría enfocar su currículo hacia el patrimonio histórico-artístico.

Críticas: La adaptación regional o de centro puede llevar a desigualdades. Un centro con un equipo docente muy motivado puede ofrecer un currículo mucho más rico que otro centro con alta inestabilidad de plantilla, generando una "escuela a dos velocidades".

3. Tercer nivel: Programación de Aula (Nivel Docente)

Es el nivel de concreción más específico antes de llegar al alumno. Aquí, el protagonista es el maestro/a o el equipo de ciclo.

Definición y Características: El nivel de aula consiste en la planificación de las unidades de programación, que la **LOMLOE** y la normativa valenciana actual denominan **Situaciones de Aprendizaje (SdA)**. En este nivel, el docente secuencia los saberes básicos, diseña las tareas concretas, selecciona los recursos y establece los instrumentos de evaluación (rúbricas, listas de cotejo). No es una mera distribución temporal, sino un diseño didáctico completo.

Fundamentos Teóricos:

- **Miguel Ángel Zabalza (2004)** define la programación no como un trámite burocrático, sino como una "hoja de ruta" que reduce la ansiedad del docente y evita la improvisación negativa. Programar es anticipar el futuro.

- **Lev Vygotsky (1979)** y su concepto de **Zona de Desarrollo Próximo (ZDP)** son fundamentales aquí: el docente debe diseñar actividades que estén justo por encima del nivel actual del alumno pero que sean alcanzables con ayuda (andamiaje).

- **Carol Ann Tomlinson (2005)**, en su obra sobre el aula diversificada, aborda la importancia de la instrucción diferenciada en este nivel, destacando que los docentes deben adaptar el currículo para abordar la diversidad de estilos de aprendizaje.

Ejemplos en la Práctica: Los docentes diseñan **Situaciones de Aprendizaje** contextualizadas. Por ejemplo: *"¿Cómo podemos reducir el consumo de plástico en el recreo?"*. A partir de este reto, el docente programa contenidos de Matemáticas (estadística de residuos), Lengua (redacción de normas) y Ciencias (impacto ambiental), ajustando la dificultad a su grupo concreto.

Críticas: La falta de tiempo y la elevada ratio de alumnos a menudo impiden que el docente pueda realizar una programación realmente creativa, recurriendo en exceso a la guía didáctica de la editorial.

4. Cuarto nivel: Adaptación Individual y Respuesta a la Inclusión

Este es el nivel de máxima concreción, donde el currículo se ajusta a las características únicas de alumnos con Necesidades Específicas de Apoyo Educativo (NEAE). Es el paso de la integración a la inclusión plena.

Definición y Características: Tradicionalmente conocido como "Adaptaciones Curriculares", en la Comunidad Valenciana este nivel ha sufrido una transformación radical con el **Decreto 104/2018** de Inclusión Educativa. Ya no se trata solo de adaptar para el alumno con discapacidad, sino de ofrecer una respuesta multinivel.

La normativa valenciana establece **4 Niveles de Respuesta**:

1. **Nivel II (Aula - Ordinario):** Aplicación del **Diseño Universal para el Aprendizaje (DUA)**. El docente programa para todos ofreciendo múltiples formas de representación y expresión, sin necesidad de adaptaciones aparte.

2. **Nivel III (Refuerzo - Específico):** Medidas como el enriquecimiento curricular para altas capacidades, programas de refuerzo de la lengua, o planes de actuación personalizados (PAP).

3. **Nivel IV (Individual - Extraordinario):** Incluye la **Adaptación Curricular Individual Significativa (ACIS)**.

   o *Definición:* Es una medida excepcional que implica la modificación de elementos prescriptivos del currículo (objetivos de etapa y criterios de evaluación). Se eliminan o se rebajan significativamente contenidos.

   o *Requisito:* Requiere una Evaluación Sociopsicopedagógica y un Dictamen de Escolarización.

Fundamentos Teóricos:

- **Carmen Alba Pastor (2016)** y el enfoque DUA proponen que el "currículo discapacitante" es aquel que es rígido; por tanto, el nivel de concreción individual debe flexibilizar las barreras desde el diseño inicial.

- **Rita Pierson (2013)** sugiere que la adaptación individual no es solo técnica, sino relacional: conectar emocionalmente con el alumno para adaptar la exigencia a su capacidad real.

Implicaciones para la Práctica Educativa: Los niveles de concreción curricular tienen importantes implicaciones para la práctica educativa. Para que el currículo sea efectivo, es esencial la **coherencia vertical** (que lo que se hace en el aula responda a la ley) y la **coherencia horizontal** (que todos los docentes del mismo nivel trabajen coordinados).

Estrategias para una Concreción Curricular Efectiva:

1. **Desarrollo Profesional:** Formación continua en diseño de Situaciones de Aprendizaje y DUA.

2. **Colaboración y Codocencia:** Fomentar que dos docentes entren en el aula para atender mejor el nivel de concreción individual.

3. **Evaluación Continua del Currículo:** No solo evaluar al alumno, sino evaluar si nuestra programación (Nivel 3) y nuestro Proyecto Educativo (Nivel 2) están siendo eficaces.

Los niveles de concreción curricular son fundamentales para garantizar que el currículo sea relevante, inclusivo y efectivo. Comprender y gestionar estos niveles es la competencia profesional más importante del maestro, pues es lo que le permite transformar un documento legal frío en una experiencia de aprendizaje viva y transformadora.

2.4 La planificación del currículo

La planificación del currículo es el proceso mediante el cual el docente transforma las intenciones educativas generales en una propuesta de trabajo concreta y viable. Con la entrada en vigor de la **LOMLOE** y su desarrollo autonómico en el **Decreto 106/2022**, la planificación ha sufrido una metamorfosis radical: hemos abandonado el modelo *programático* (centrado en listas de temas) para abrazar un modelo *competencial* (centrado en el desempeño).

Este nuevo modelo exige planificar "hacia atrás" (**Diseño Inverso**): primero definimos qué debe saber hacer el alumno (Perfil de Salida y Competencias) y después seleccionamos los contenidos (Saberes) necesarios para lograrlo.

2.4.1 Objetivos de etapa y perfil de salida (el horizonte)

Para saber a dónde vamos, necesitamos una brújula. En el sistema actual, esa brújula tiene dos componentes:

- **Objetivos de Etapa:** Son los logros que se espera que el alumnado haya alcanzado al finalizar la Educación Primaria. Están definidos en el artículo 7 del Decreto 106/2022 (ej. "Conocer y apreciar los valores y las normas de convivencia..."). Son las metas finalistas.

- **El Perfil de Salida (La piedra angular):** Es la gran novedad de la LOMLOE. Define las competencias que el alumnado debe haber adquirido al finalizar la escolarización básica (16 años) para poder afrontar los retos del siglo XXI.

  - *Estructura:* El Perfil de Salida conecta la Primaria con la Secundaria (garantizando la continuidad) y se concreta a través de los **Descriptores Operativos**.

  - *Función:* Es el referente último. Cualquier decisión que tomemos en el aula (desde elegir un libro hasta poner un examen) debe contribuir a que el alumno alcance este perfil.

2.4.2 Competencias: clave y específicas (el motor)

El currículo español se alinea con las recomendaciones de la Unión Europea y la OCDE (Proyecto DeSeCo). **Perrenoud (2012)** define competencia como "la capacidad de movilizar varios recursos cognitivos (saberes, habilidades y actitudes) para hacer frente a un tipo de situaciones".

Distinguimos dos niveles:

1. **Competencias Clave (Transversales):** Son 8 y son imprescindibles para el desarrollo personal y la ciudadanía activa. No pertenecen a ninguna asignatura, sino que todas las áreas contribuyen a ellas.

   o *Listado:* Comunicación Lingüística (CCL), Plurilingüe (CP), Matemática y en Ciencia, Tecnología e Ingeniería (STEM), Digital (CD), Personal, Social y de Aprender a Aprender (CPSAA), Ciudadana (CC), Emprendedora (CE), y Conciencia y Expresión Cultural (CCEC).

2. **Competencias Específicas (El eje del área):** Son la concreción de las competencias clave en una materia específica.

   o *Definición legal:* "Desempeños que el alumnado debe poder desplegar en actividades o en situaciones cuyo abordaje requiere de los saberes básicos de cada área".

   o *Importancia:* **Son el elemento curricular más importante**. Constituyen el referente para la evaluación. Ya no evaluamos "temas", evaluamos el nivel de adquisición de estas competencias específicas.

   o *Ejemplo:* En Matemáticas, una competencia específica es "Resolver problemas..." (independientemente de si el problema es de sumas o de fracciones).

2.4.3 Saberes básicos (los medios, no los fines)

La LOMLOE sustituye el término tradicional "Contenidos" por "Saberes Básicos". Este cambio terminológico encierra un cambio conceptual profundo.

- **Definición:** Conocimientos, destrezas y actitudes que constituyen los contenidos propios de un área y cuyo aprendizaje es necesario para la adquisición de las competencias específicas.

- **Naturaleza tripartita:** Un saber básico siempre integra:

   o *Saber (Conocimiento):* Datos, hechos, conceptos (ej. "El ciclo del agua").

   o *Saber Hacer (Destreza):* Habilidades prácticas y procedimientos (ej. "Interpretación de gráficos de precipitaciones").

   o *Saber Ser (Actitud):* Valores y normas (ej. "Uso responsable del agua").

- **Función instrumental:** Los saberes ya no son un fin en sí mismos (enciclopedismo). No enseñamos los ríos para que el niño los recite, sino para que entienda su entorno (competencia). El docente los selecciona y secuencia en función de la Situación de Aprendizaje.

43

2.4.4 Métodología: las situaciones de aprendizaje (SdA)

La unidad de programación deja de ser la "lección" o el "tema" del libro para ser la **Situación de Aprendizaje**. El Ministerio de Educación las define como situaciones y actividades que implican el despliegue por parte del alumnado de actuaciones asociadas a competencias clave y competencias específicas.

Para diseñar una SdA efectiva, debemos seguir una arquitectura pedagógica sólida:

1. **Contextualización:** Debe partir de un entorno cercano, real y significativo para el alumno (el barrio, la familia, un problema actual).

2. **Reto o Desafío:** Se plantea una pregunta o problema que requiere investigación (*Driving Question*).

3. **Movilización de Saberes:** El alumno necesita aprender ciertos saberes básicos para resolver el reto.

4. **Producto Final:** La SdA debe desembocar en algo tangible (una maqueta, un informe, un vídeo, una campaña de sensibilización).

5. **Desarrollo:** Fases de motivación, activación, exploración, estructuración y aplicación.

2.4.5 Tareas y Actividades

Dentro de la Situación de Aprendizaje, el docente diseña la secuencia didáctica.

- **Ejercicios:** Actividades mecánicas para automatizar procesos (ej. operaciones matemáticas). Son necesarios pero insuficientes.

- **Actividades:** Procesos que requieren comprensión (ej. leer un texto y contestar preguntas).

- **Tareas:** Acciones complejas orientadas a un fin social y que requieren combinar varios saberes (ej. "Planificar el presupuesto para la fiesta de fin de curso").

- **Criterio DUA:** Al planificar tareas, debemos aplicar el **Diseño Universal para el Aprendizaje** (Decreto 104/2018), ofreciendo opciones multinivel para que todos los alumnos puedan participar.

2.4.6 Recursos y materiales

La planificación debe prever qué herramientas se utilizarán. El monopolio del libro de texto se rompe en favor de una ecología de recursos:

- **Recursos Analógicos:** Libros, prensa, materiales manipulativos (regletas, bloques lógicos).

- **Recursos Digitales:** Plataformas educativas (Aules en Valencia), aplicaciones, realidad aumentada.

- **Recursos del Entorno:** El barrio, el museo, la familia como recurso educativo.

- **Recursos Humanos:** Posibilidad de codocencia (dos profesores en el aula) o participación de voluntarios.

2.4.7 Evaluación (criterial y formativa)

La evaluación es el componente que cierra el ciclo y, a la vez, lo regula. La LOMLOE prescribe un cambio drástico: de calificar (poner nota) a evaluar (mejorar el aprendizaje).

- **Criterios de Evaluación:** Son prescriptivos y acompañan a cada Competencia Específica. Indican el nivel de desempeño esperado en un momento determinado. Son la "vara de medir".

- **Carácter Formativo:** Según **Neus Sanmartí (2007)**, "evaluar es aprender". La evaluación debe proporcionar *feedback* continuo para que el alumno detecte sus errores y los corrija.

- **Técnicas e Instrumentos:** Se debe priorizar la triangulación (usar varios instrumentos).
  - *Observación sistemática:* Listas de cotejo, diario de clase.
  - *Análisis de producciones:* Rúbricas (matrices de valoración), portafolios.
  - *Intercambios orales:* Entrevistas, asambleas.
  - *Pruebas específicas:* Exámenes (pero competenciales, no memorísticos).

- **Agentes:** Se fomenta la **autoevaluación** (el alumno se evalúa a sí mismo) y la **coevaluación** (entre iguales) para desarrollar la competencia de "Aprender a Aprender".

2.5 Propuestas y experiencias educativas

El currículo escolar no solo define qué debe enseñarse, sino también cómo debe implementarse en el aula para facilitar el aprendizaje efectivo y significativo. Las propuestas y experiencias educativas son métodos y enfoques prácticos que buscan hacer del currículo una herramienta dinámica y adaptativa. En este contexto, las propuestas educativas se centran en innovaciones metodológicas y en la implementación de prácticas que enriquecen el proceso de enseñanza-aprendizaje.

En la actualidad, el marco de la **LOMLOE** y el **Decreto 106/2022** de la Comunidad Valenciana exigen un tránsito desde la metodología expositiva hacia **metodologías activas**, donde el alumnado es el protagonista. Este cambio no es estético, sino estructural, necesario para el desarrollo de competencias. A continuación, se exploran las propuestas más relevantes apoyadas por citas y referencias de autores clave.

2.5.1 Aprendizaje Basado en Proyectos (ABP)

Definición y Características: El Aprendizaje Basado en Proyectos (ABP) es una metodología en la que los estudiantes trabajan en proyectos prolongados y complejos que culminan en un producto final o una presentación. Este enfoque permite a los estudiantes aplicar conocimientos y habilidades en contextos reales o simulados, fomentando un aprendizaje profundo y significativo.

Fundamentos Teóricos:

- **John Dewey (1938)**, en *Experience and Education*, argumenta que el aprendizaje debe estar basado en la experiencia práctica, y el ABP encarna esta filosofía al permitir a los estudiantes resolver problemas reales y trabajar en proyectos que son relevantes para ellos (Dewey, 1938).

- **Seymour Papert (1980)** en *Mindstorms: Children, Computers, and Powerful Ideas* destaca cómo el aprendizaje basado en proyectos puede ser enriquecido por la tecnología, proporcionando a los estudiantes herramientas para explorar, experimentar y crear (Papert, 1980).

- **William H. Kilpatrick (1918)**, discípulo de Dewey, ya sistematizó este método, pero en la actualidad autores como **Vergara (2015)** lo redefinen bajo el constructivismo social, destacando que el conocimiento se construye socialmente a través de la interacción y la creación cultural.

Ejemplos en la Práctica y Marco Legal: En muchas escuelas, el ABP se implementa a través de proyectos interdisciplinarios que integran varias áreas del conocimiento. Por ejemplo, en una escuela secundaria, un proyecto sobre sostenibilidad ambiental puede involucrar ciencias, matemáticas, y estudios sociales.

En la **Comunidad Valenciana**, el ABP cobra una relevancia normativa crucial. El **Artículo 14 del Decreto 106/2022** establece la dedicación horaria obligatoria a los **Proyectos Interdisciplinares (PI)**. Esto institucionaliza el ABP, obligando a los centros a diseñar situaciones de aprendizaje donde se rompan las barreras entre asignaturas (por ejemplo, un proyecto sobre "La Huerta Valenciana" que integre Conocimiento del Medio, Lengua y Matemáticas).

Críticas:

- La implementación del ABP puede ser desafiante debido a la necesidad de planificación extensiva y la disponibilidad de recursos.

- Puede haber una falta de estandarización en la evaluación de los proyectos. Para mitigar esto, es imprescindible el uso de **rúbricas de evaluación** bien diseñadas que evalúen tanto el proceso como el producto final.

2.5.2 Enseñanza Diferenciada y diseño universal para el aprendizaje (DUA)

Definición y Características: La enseñanza diferenciada es un enfoque que adapta el contenido, el proceso, y los productos de aprendizaje para satisfacer las necesidades diversas de los estudiantes. Este enfoque reconoce que los estudiantes tienen diferentes estilos de aprendizaje, niveles de habilidad y ritmos de desarrollo.

Hoy en día, este concepto ha evolucionado hacia el **Diseño Universal para el Aprendizaje (DUA)**. A diferencia de la diferenciación clásica (que adapta *a posteriori*), el DUA propone diseñar el currículo de forma flexible *desde el principio* para eliminar barreras.

Fundamentos Teóricos:

- **Carol Ann Tomlinson (2005)** en *Differentiated Instruction* aboga por ajustar las estrategias pedagógicas para abordar la diversidad en el aula y maximizar el potencial de aprendizaje (Tomlinson, 2005).

- **Howard Gardner (1983)**, con su teoría de las inteligencias múltiples, sugiere que la enseñanza debe ser adaptativa para atender las distintas formas en que los estudiantes procesan la información (Gardner, 1983).

- **CAST (2011) y Carmen Alba Pastor (2016):** Introducen el DUA basado en la neurociencia. Proponen tres principios:

  1. Proporcionar múltiples formas de **implicación** (el porqué del aprendizaje).

  2. Proporcionar múltiples formas de **representación** (el qué del aprendizaje).

  3. Proporcionar múltiples formas de **acción y expresión** (el cómo del aprendizaje).

Ejemplos en la Práctica: En una clase de matemáticas, un docente puede aplicar el DUA ofreciendo el mismo problema pero con soportes distintos: texto escrito, apoyo visual o material manipulativo (regletas). Además, permite que el alumno demuestre la solución mediante un vídeo, una explicación oral o un esquema escrito.

Críticas:

- La enseñanza diferenciada puede ser difícil de implementar de manera efectiva debido a la carga adicional de planificación.

- Requiere un cambio de mentalidad docente: pasar de "enseñar el libro" a "enseñar al alumno".

2.5.3 Aprendizaje Cooperativo

Definición y Características: El aprendizaje cooperativo es una metodología en la que los estudiantes trabajan juntos en grupos pequeños para alcanzar objetivos de aprendizaje comunes. Fomenta la colaboración, la comunicación y el desarrollo de habilidades sociales. Se diferencia del "trabajo en grupo" tradicional en que exige **Interdependencia Positiva** (el éxito de uno depende del éxito de todos) y **Responsabilidad Individual**.

Fundamentos Teóricos:

- **David Johnson y Roger Johnson (1994)** argumentan que el aprendizaje cooperativo mejora el rendimiento académico y desarrolla habilidades sociales vitales (Johnson & Johnson, 1994).

- **Lev Vygotsky (1979)** sostiene que el aprendizaje es un proceso social (Zona de Desarrollo Próximo). La interacción entre iguales actúa como andamiaje cognitivo.

- **Pere Pujolàs (2008)**, referente en España, estructura el cooperativo en tres ámbitos: cohesión de grupo, el trabajo en equipo como recurso para enseñar, y el trabajo en equipo como contenido a enseñar.

Ejemplos en la Práctica: Uso de estructuras cooperativas simples como **1-2-4** (primero pienso solo, luego discuto con mi pareja, finalmente acuerdo con el grupo de cuatro) o el **Rompecabezas (Jigsaw)**, donde cada alumno se especializa en una parte del tema y debe enseñársela a sus compañeros.

Críticas:

- La dinámica de grupo puede llevar a desigualdades ("efecto polizón", donde un alumno trabaja menos).

- Puede haber desafíos en la evaluación individual dentro de un grupo, por lo que se requiere observación sistemática por parte del docente.

2.5.4 Educación Basada en Competencias

Definición y Características: La educación basada en competencias se centra en el desarrollo de habilidades y capacidades específicas que los estudiantes necesitan para tener éxito en el mundo real. Pone énfasis en el **desempeño**(saber hacer) más que en la mera acumulación de saberes.

Fundamentos Teóricos:

- **Richard E. Mayer (2004)** explora cómo las competencias son más efectivas cuando se combinan con apoyo estructurado (Mayer, 2004).

- **Andreas Schleicher (2018)** argumenta que las competencias deben ser el centro de la educación para preparar a los estudiantes para un mercado laboral cambiante.

- **Philippe Perrenoud (2012)** define la competencia como la capacidad de movilizar varios recursos cognitivos para hacer frente a un tipo de situaciones.

Ejemplos en la Práctica: En el marco de la **LOMLOE**, el currículo se estructura en torno al **Perfil de Salida**. Los docentes diseñan **Situaciones de Aprendizaje** (retos contextualizados) donde el alumno debe demostrar su competencia. Ejemplo: En lugar de un examen sobre las partes de una planta, los alumnos deben cultivar un huerto escolar y redactar un manual de cuidados (Competencia en Ciencia, Tecnología e Ingeniería + Competencia en Comunicación Lingüística).

Críticas:

- La implementación requiere una revisión significativa del currículo y formación docente.

- Dificultad para medir las competencias, lo que exige el uso de instrumentos de evaluación variados (rúbricas, portafolios, dianas).

2.5.5 Gamificación y aprendizaje basado en juebos (ABJ)

Definición y Características: La gamificación es el uso de mecánicas, dinámicas y estéticas de juego en contextos no lúdicos para aumentar la motivación. El ABJ, por su parte, implica usar juegos existentes para aprender contenidos.

Fundamentos Teóricos:

- **James Paul Gee (2003)** argumenta que los videojuegos ofrecen lecciones sobre el aprendizaje eficaz (Gee, 2003).

- **Karl Kapp (2012)** explora la integración de elementos de juego en el diseño instruccional (Kapp, 2012).

- **Mihaly Csikszentmihalyi (1990)** y la **Teoría del Flow**: el juego mantiene al alumno en un estado de concentración óptima al equilibrar la dificultad del reto con la habilidad del jugador.

Ejemplos en la Práctica:

- *Gamificación:* Convertir la clase en una narrativa de exploradores espaciales donde completar tareas otorga "puntos de experiencia" para subir de nivel.

- *ABJ:* Usar el juego *Minecraft* para trabajar áreas y volúmenes en Matemáticas.

Críticas:

- Puede verse como una distracción si el componente lúdico eclipsa al pedagógico.

- Riesgo de dependencia de la motivación extrínseca (premios) en detrimento de la intrínseca (aprender por el placer de saber).

2.5.6 Aprendizaje-Servicio (ApS)

Este es un enfoque crucial en la educación actual que complementa los anteriores.

Definición y Características: Propuesta educativa que combina procesos de aprendizaje y de servicio a la comunidad en un solo proyecto bien articulado.

Fundamentos Teóricos:

- **Roser Batlle (2020)** define el ApS como una herramienta de inclusión y ciudadanía. Se vincula estrechamente con la educación en valores y los **Objetivos de Desarrollo Sostenible (ODS)**.

Ejemplos en la Práctica: Alumnos de 6º de Primaria organizan una campaña de donación de sangre en el barrio. Aprenden biología (sistema circulatorio) y estadística (matemáticas), a la vez que prestan un servicio social real.

2.5.7 Flipped Classroom (Aula invertida)

Definición y Características: El *Flipped Classroom* es un modelo pedagógico que invierte los momentos tradicionales de enseñanza. La instrucción directa (la lección magistral) se desplaza fuera del aula (a través de vídeos o lecturas en casa), liberando el tiempo de clase para actividades de aprendizaje activo, resolución de dudas y trabajo colaborativo.

Fundamentos Teóricos:

- **Jonathan Bergmann y Aaron Sams (2012)**, creadores del modelo, argumentan que el mejor uso del docente no es "dar la lección", sino estar presente cuando el alumno se atasca aplicando el conocimiento.

- **Taxonomía de Bloom:** El modelo permite que las tareas cognitivas de orden inferior (recordar, comprender) se hagan en casa, mientras que las de orden superior (aplicar, analizar, crear) se realizan en clase con la guía del experto.

Ejemplos en la Práctica: Un docente de 4° de Primaria graba un vídeo de 5 minutos explicando la división por dos cifras. Los alumnos lo ven en casa (pudiendo pausar y rebobinar). Al día siguiente, en clase, no se explica la teoría, sino que se dedican 45 minutos a resolver problemas en grupos y atender dudas individuales.

Críticas:

- **Brecha digital:** Requiere que todo el alumnado tenga acceso a dispositivos e internet en casa.

- Exige un alto nivel de responsabilidad y autonomía por parte del estudiante para visualizar los materiales previos.

2.5.8 Aprendizaje basado en el pensamiento (TBL – Thinking Based Learning)

Definición y Características: El TBL no busca solo que los alumnos "aprendan", sino que "aprendan a pensar". Se trata de infundir la enseñanza del pensamiento crítico y creativo dentro de los contenidos curriculares mediante el uso de **Rutinas y Destrezas de Pensamiento**.

Fundamentos Teóricos:

- **Robert Swartz (2008)** sostiene que el pensamiento eficaz no es un don innato, sino una habilidad que se puede enseñar. Critica la enseñanza tradicional por fomentar un "pensamiento superficial".

- **David Perkins (Proyecto Zero de Harvard):** Promueve la idea de hacer el pensamiento visible (*Visible Thinking*).

Ejemplos en la Práctica: En lugar de memorizar las causas de la Guerra Civil, el docente utiliza la destreza de pensamiento *"Las partes y el todo"* o un *"Compara y contrasta"*. Se usan organizadores gráficos para estructurar las ideas antes de escribir o debatir. Esto desarrolla directamente la **Competencia Personal, Social y de Aprender a Aprender (CPSAA)** de la LOMLOE.

Críticas:

- Requiere mucho tiempo de aula para profundizar, lo que choca con la extensión de los temarios tradicionales.

- Es difícil de evaluar con exámenes tipo test; requiere una evaluación cualitativa.

2.5.9 Paisajes de aprendizaje (Learning Landscapes)

Definición y Características: Es una herramienta de programación didáctica que permite personalizar el aprendizaje. Combina las **Inteligencias Múltiples** de Gardner con la **Taxonomía de Bloom**. Se presenta visualmente como un "mapa" o paisaje interactivo (digital o físico) donde el alumno elige diferentes itinerarios para alcanzar los objetivos.

Fundamentos Teóricos:

- Se basa en la necesidad de ofrecer itinerarios flexibles (**Tomlinson**).

- Integra la **gamificación** (narrativa visual, insignias) con el rigor curricular. Permite que cada alumno brille desde su inteligencia predominante (musical, cinestésica, lógica...) mientras trabaja las competencias obligatorias.

Ejemplos en la Práctica: Un paisaje sobre "El Cuerpo Humano" puede presentarse como un mapa de un hospital. Para aprender el sistema óseo, el alumno puede elegir entre: componer un rap sobre los huesos (Inteligencia Musical + Crear), diseñar una prótesis (Inteligencia Visual-Espacial + Aplicar) o escribir un cuento (Inteligencia Lingüística + Comprender). Hay actividades obligatorias y otras optativas.

Críticas:

- Exige una altísima carga de trabajo previo de diseño y creación de materiales por parte del docente.

- Si no se gestiona bien, el alumno puede evitar trabajar sus inteligencias más débiles.

2.5.10 Aprendizaje basado en problemas (ABProblemas / PBL)

Definición y Características: El Aprendizaje Basado en Problemas (PBL por sus siglas en inglés) es un método docente centrado en el estudiante en el cual este adquiere conocimientos, habilidades y actitudes a través de situaciones de la vida real. A diferencia del enfoque tradicional (primero la teoría, luego el problema), aquí **el problema se presenta primero** y sirve como detonante para identificar qué necesidades de aprendizaje tiene el alumno.

La diferencia clave con el Aprendizaje Basado en Proyectos (apartado 2.5.1) es que el ABProblemas no busca necesariamente crear un producto final tangible, sino la **resolución lógica y argumentada** de un problema complejo o "mal estructurado" (que no tiene una única solución correcta).

Fundamentos Teóricos:

- **Howard Barrows (1986)**, padre de esta metodología (nacida en la facultad de medicina de McMaster), estableció que el problema debe ser auténtico y desafiante.

- **Constructivism y Aprendizaje por Descubrimiento:** Se basa en generar un **conflicto cognitivo (Piaget)**. El alumno se da cuenta de que "no sabe" resolver el problema con sus conocimientos actuales, lo que activa la búsqueda de nueva información.

- **Hmelo-Silver (2004)** destaca que el ABProblemas fomenta el razonamiento clínico o crítico, la resolución de problemas efectiva y el aprendizaje autodirigido.

Ejemplos en la Práctica:

- *Situación:* El docente de 5º de Primaria no explica el sistema de depuración del agua. En su lugar, presenta una noticia real: "Han aparecido peces muertos en el río del pueblo".

- *Desarrollo:*

    1. Los alumnos analizan el caso.

    2. Hacen una lluvia de ideas (¿Es veneno? ¿Falta oxígeno? ¿Es por la fábrica?).

    3. Identifican qué necesitan aprender (el ciclo del agua, niveles de pH, ecosistemas de ribera).

    4. Investigan de forma autónoma.

    5. Aplican lo aprendido para dar un diagnóstico y proponer una solución al Ayuntamiento.

Críticas:

- **Carga Cognitiva:** Autores como **Kirschner, Sweller y Clark (2006)** advierten que para alumnos novatos (con pocos conocimientos previos), el ABProblemas puede ser ineficiente y frustrante si no hay una guía docente muy estructurada.

- Requiere mucho tiempo para cubrir contenidos que, mediante instrucción directa, se explicarían rápido.

2.5.11 Desing thinking (Pensamiento de diseño)

Definición y Características: Originalmente utilizado en el diseño de productos y negocios, este método se ha trasladado al aula para fomentar la creatividad y la **Competencia Emprendedora**. Se centra en resolver problemas reales poniendo a las personas (usuarios) en el centro.

Fases del Proceso (Stanford d.school):

1. **Empatizar:** Entender las necesidades de los usuarios.

2. **Definir:** Acotar el problema.

3. **Idear:** Lluvia de ideas (*Brainstorming*) sin juzgar.

4. **Prototipar:** Construir una versión rápida y barata de la solución (con cartón, plastilina, esquemas).

5. **Testear:** Probar el prototipo y recibir *feedback*.

Fundamentos Teóricos:

- **Tim Brown (2008)**, CEO de IDEO, popularizó el concepto. En educación, permite trabajar el error como parte del aprendizaje (iteración) y la empatía social.

Ejemplos en la Práctica: *Reto:* "Mejorar el recreo para los alumnos de 1º de Primaria". Los alumnos de 5º entrevistan a los de 1º (Empatizar), detectan que se aburren (Definir), proponen juegos pintados en el suelo (Idear), dibujan los planos con tiza (Prototipar) y observan si los pequeños juegan (Testear).

Críticas:

- Requiere tiempos flexibles que a veces chocan con los horarios rígidos de las asignaturas.

2.5.12 Estaciones de aprendizaje (Learning Stations)

Definición y Características: Es una estrategia organizativa fundamental para la **enseñanza multinivel**. Consiste en dividir el aula en diferentes zonas o "estaciones", cada una con una tarea específica. Los alumnos rotan por ellas en grupos pequeños durante la sesión.

Vinculación con el DUA: Permite ofrecer diferentes formas de representación y expresión simultáneamente. Mientras un grupo trabaja con el docente (instrucción directa), otro trabaja con materiales manipulativos y otro con tablets.

Ejemplos en la Práctica: En una clase de Lengua sobre "La descripción":

- *Estación 1 (Con el docente):* Lectura guiada de un texto descriptivo.
- *Estación 2 (Tecnología):* Grabar un audio describiendo a un compañero.
- *Estación 3 (Manipulativa):* Juego de "Quién es quién" con tarjetas de adjetivos.
- *Estación 4 (Escritura):* Completar una ficha de descripción.

Críticas:

- Exige una gran capacidad de gestión de aula por parte del docente para controlar el ruido y las rotaciones.
- Requiere mucha preparación previa de materiales diversos.

Tema 3. La Relación Educativa y la Vida en el Aula y en el Centro

Introducción: La ecología del aula y el vínculo pedagógico

La educación no ocurre en el vacío; es un fenómeno profundamente situado y relacional. Si en los temas anteriores abordamos el *qué* (currículo) y el *cómo* (didáctica), el Tema 3 se centra en el *dónde* y el *con quién*. En el proceso educativo, la interacción entre diversos factores como los procesos de enseñanza y aprendizaje, la organización del aula, y la evaluación juegan un papel crucial en la formación integral de los estudiantes.

Tradicionalmente, la formación del profesorado se centraba en la transmisión de contenidos. Sin embargo, autores como **Marcel Postic (1982)** definieron la **relación educativa** como el conjunto de vínculos sociales y afectivos que se establecen entre el educador y el educando, y que son el soporte indispensable para que se produzca el aprendizaje. No hay instrucción posible sin un vínculo previo de confianza, autoridad pedagógica y reconocimiento mutuo. Como señala **Philip Jackson (2001)** en su obra clásica *La vida en las aulas*, la escuela es un lugar denso donde ocurren miles de interacciones diarias; comprender la "vida en el aula" implica descifrar los códigos implícitos, las rutinas y el clima emocional que allí se respira.

Este tema explora cómo estos aspectos se interrelacionan para promover un ambiente educativo efectivo y enriquecedor, bajo la premisa de la **Ecología del Aula (Doyle, 1977)**. Desde esta perspectiva, el aula es un ecosistema caracterizado por la multidimensionalidad, la simultaneidad, la inmediatez y la imprevisibilidad. El maestro/a no solo "da clase", sino que gestiona un grupo social complejo.

Asimismo, la normativa actual, específicamente la **LOMLOE** y el **Decreto 106/2022** de la Comunidad Valenciana, pone un énfasis renovado en el "bienestar emocional", la "convivencia positiva" y la "ética del cuidado" (**Noddings, 1992**). La escuela deja de ser solo un lugar de instrucción académica para convertirse en un espacio de vida y socialización democrática. Por tanto, analizar la relación educativa implica también abordar la gestión de conflictos, la organización democrática de los espacios y la evaluación como herramienta de mejora y no de sanción.

A lo largo de este bloque, desglosaremos los componentes de este sistema: desde la comunicación didáctica hasta la organización del espacio-tiempo, pasando por la atención a la diversidad como imperativo ético y legal.

3.1 Los Procesos de Enseñanza y Aprendizaje

3.1.1 La Enseñanza como un Proceso de Relación y Comunicación

La enseñanza es fundamentalmente un proceso de interacción y comunicación entre docentes y estudiantes. No existe acto educativo sin un acto comunicativo previo. **Paulo Freire (1970)** revolucionó la comprensión de la educación con su concepto de educación dialógica. Según Freire, la educación debe ser un diálogo constante donde ambos, el educador y el educando, participan activamente en la construcción del conocimiento. Este enfoque se alinea con la perspectiva de **González (2011)**, quien argumenta que la comunicación efectiva en el aula facilita un aprendizaje más significativo y participativo.

Desde la **Teoría de la Comunicación Humana, Watzlawick, Beavin y Jackson (1985)** establecieron un axioma fundamental para la docencia: "Es imposible no comunicar". En el aula, no solo educa la palabra, sino también el silencio, el gesto, la mirada y la disposición del espacio. El docente está emitiendo mensajes constantemente, y el alumnado los interpreta según sus propios códigos culturales. Por tanto, la enseñanza requiere una consciencia plena sobre la comunicación verbal y no verbal.

Lev Vygotsky (1978) introduce la teoría sociocultural, destacando la importancia de la interacción social en el aprendizaje. Su concepto de "zona de desarrollo próximo" (ZDP) enfatiza cómo los estudiantes pueden alcanzar un mayor nivel de competencia con la ayuda y el apoyo de otros. En este sentido, **López (2009)** señala que la ZDP es esencial para comprender cómo los estudiantes desarrollan habilidades cognitivas a través de la colaboración y el apoyo mutuo en el aula.

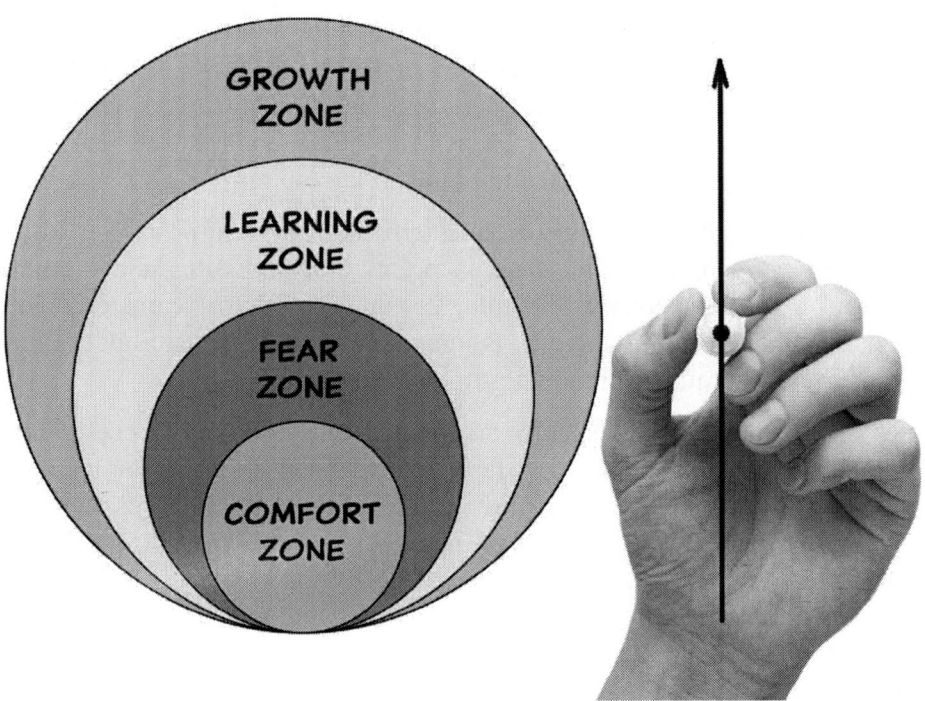

El enfoque comunicativo en la enseñanza también es respaldado por la teoría de la comunicación educativa de **Gergen (1999)**, quien sostiene que el aprendizaje se produce a través de la construcción social de significados. Según **Castaño (2015)**, este enfoque comunicativo permite que los estudiantes y docentes construyan conjuntamente el conocimiento, facilitando una comprensión compartida y un entorno de aprendizaje colaborativo.

La enseñanza no es simplemente la transmisión de conocimientos de un individuo a otro, sino un proceso complejo que implica la relación y la comunicación entre el docente y el estudiante. Este enfoque reconoce que el aprendizaje efectivo se produce en un contexto de interacción social y emocional. **Francisco Mora (2013)**, desde la neuroeducación, sentencia que "solo se puede aprender aquello que se ama", subrayando que sin emoción y vínculo afectivo, la comunicación didáctica no logra fijarse en la memoria a largo plazo.

Relación en la Enseñanza

La relación entre el docente y el estudiante es fundamental para el éxito educativo. Según **Pianta (1999)**, una relación positiva entre el maestro y el alumno puede mejorar significativamente el rendimiento académico y el bienestar emocional del estudiante. Esta relación se basa en la confianza, el respeto mutuo y la empatía. Cuando los estudiantes sienten que sus maestros se preocupan por ellos y valoran sus opiniones, están más motivados para participar activamente en el proceso de aprendizaje (**Hamre & Pianta, 2001**).

A este respecto, es crucial mencionar el concepto de **"Tacto Pedagógico"** de **Max van Manen (1998)**. La relación educativa no es solo técnica, sino que requiere una sensibilidad especial para saber cuándo intervenir y cuándo retirarse, cuándo hablar y cuándo escuchar. El tacto pedagógico es la cualidad que permite al docente preservar la dignidad del alumno en todo momento, creando un espacio de seguridad psicológica.

Asimismo, las expectativas juegan un rol determinante en esta relación. **Rosenthal y Jacobson (1968)** demostraron el **Efecto Pigmalión** en el aula: las expectativas (positivas o negativas) que el docente proyecta sobre el alumno tienden a cumplirse. Si el maestro comunica confianza en la capacidad del estudiante, este mejora su autoconcepto y rendimiento; si comunica (incluso involuntariamente) desconfianza, el rendimiento decae. Esto convierte la relación educativa en una profecía autocumplida.

Comunicación en la Enseñanza

La comunicación es otro componente esencial de la enseñanza. No se trata solo de la transmisión de información, sino de un intercambio bidireccional en el que tanto el docente como el estudiante participan activamente. **Freire (1970)** argumenta que la educación debe ser un diálogo en el que los estudiantes no sean meros receptores pasivos, sino co-creadores del conocimiento. Este enfoque dialógico fomenta un ambiente de aprendizaje más dinámico y participativo.

En la actualidad, este concepto ha evolucionado hacia el **Aprendizaje Dialógico** desarrollado por **Ramón Flecha (1997)** en el marco de las Comunidades de Aprendizaje. Flecha sostiene que el aprendizaje depende de la calidad de las interacciones y propone el "diálogo igualitario", donde las aportaciones son válidas por la fuerza de los argumentos y no por la posición de poder de quien habla (docente). Esto rompe la jerarquía comunicativa tradicional y democratiza el aula.

Estrategias de Comunicación Efectiva

Para que la comunicación en el aula sea efectiva, los docentes deben emplear diversas estrategias. Una de ellas es el uso de preguntas abiertas que estimulen el pensamiento crítico y la reflexión. Además, es importante que los docentes escuchen activamente a sus estudiantes, mostrando interés genuino en sus ideas y preocupaciones (**Brookfield, 2015**). La retroalimentación constructiva (*feedback*) también juega un papel crucial, ya que ayuda a los estudiantes a comprender sus fortalezas y áreas de mejora. Según **Hattie y Timperley (2007)**, para que el feedback sea efectivo, debe responder a tres preguntas: ¿A dónde voy? (objetivos), ¿Cómo voy? (progreso) y ¿Cuál es el siguiente paso? (regulación).

Además, no se debe olvidar la **comunicación no verbal**. Autores como **Knapp (1980)** destacan que la postura, la *proxémica* (el uso del espacio y la distancia física con el alumno) y la *kinesia* (gestos y contacto visual) refuerzan o contradicen el mensaje verbal. Un docente que dice "estoy dispuesto a escucharos" pero cruza los brazos y evita la mirada, está enviando un mensaje contradictorio que bloquea la comunicación.

Barreras en la Comunicación

A pesar de la importancia de la comunicación, existen varias barreras que pueden dificultar este proceso. Entre ellas se encuentran las diferencias culturales, los prejuicios y las expectativas poco realistas. Es esencial que los docentes sean conscientes de estas barreras y trabajen activamente para superarlas, promoviendo un ambiente inclusivo y respetuoso (**Gay, 2000**).

El **ruido semántico** es otra barrera frecuente: ocurre cuando el docente utiliza un lenguaje técnico o académico que no está adaptado al nivel de desarrollo cognitivo del alumnado, impidiendo la codificación del mensaje. La transposición didáctica (**Chevallard**) es el proceso necesario para adaptar ese lenguaje experto y hacerlo comunicable sin perder rigor.

La Tecnología como Herramienta de Comunicación

En la era digital, la tecnología ofrece nuevas oportunidades para mejorar la comunicación en la enseñanza. Las plataformas de aprendizaje en línea, las redes sociales y las herramientas de colaboración digital pueden facilitar la interacción entre docentes y estudiantes, superando las limitaciones de tiempo y espacio (**Anderson, 2008**). Sin embargo, es importante utilizar estas herramientas de manera crítica y reflexiva, asegurando que complementen y no reemplacen la interacción humana.

La comunicación mediada por tecnología introduce nuevos retos, como la **netiqueta** (normas de comportamiento en la red) y la necesidad de desarrollar la competencia digital crítica, para evitar que la pantalla se convierta en una barrera afectiva en lugar de un puente pedagógico.

La enseñanza como un proceso de relación y comunicación reconoce la importancia de las interacciones sociales y emocionales en el aprendizaje. Al fomentar relaciones positivas y una comunicación efectiva, los docentes pueden crear un ambiente de aprendizaje más enriquecedor y motivador para sus estudiantes.

3.1.2 El Deseo de Aprender y el Deseo de Enseñar

La educación es, ante todo, un acto de voluntad. No basta con que el docente "enseñe" y el alumno "esté"; es necesario que se produzca un encuentro de voluntades. Como decían los clásicos, *studere* (estudiar) significa originalmente "desear", "poner empeño". Sin deseo, el aprendizaje es mero adiestramiento.

A. La Motivación: El Motor del Aprendizaje

La motivación es un motor crucial en el proceso educativo. **Deci y Ryan (2000)** desarrollaron la **Teoría de la Autodeterminación**, que diferencia entre motivación intrínseca y extrínseca.

- **Motivación Intrínseca:** Nace del interior (curiosidad, placer por saber). Se asocia con un aprendizaje profundo (**Deep Learning**) y duradero.

- **Motivación Extrínseca:** Nace de factores externos (notas, premios, evitar castigos). Genera un aprendizaje superficial.

Castells (2008) resalta que la motivación intrínseca es esencial para fomentar un compromiso genuino con el aprendizaje. Sin embargo, autores como **Brophy (2004)** señalan que en la escuela, donde los contenidos son obligatorios, el arte del docente consiste en transformar la motivación extrínseca en intrínseca, ayudando al alumno a encontrar valor personal en lo que debe aprender.

B. El Deseo de Aprender (*Libido Sciendi*)

El deseo de aprender no siempre es espontáneo; a menudo debe ser provocado. **Philippe Meirieu (1998)**, en *Frankenstein educador*, sostiene que la tarea fundamental del maestro es "hacer surgir el deseo de aprender". El alumno no desea lo que desconoce; por tanto, el docente debe crear situaciones (enigmas, retos) que generen una "falta" o vacío que el conocimiento vendrá a llenar.

- **El Estado de Flujo:** Este deseo puede ser influenciado por el entorno. **Mihaly Csikszentmihalyi (1990)** argumenta que el estado de "flujo" (*Flow*) —una experiencia de inmersión total y disfrute— ocurre cuando hay un equilibrio perfecto entre la dificultad del reto y la habilidad del estudiante. Si el reto es muy alto, genera ansiedad; si es muy bajo, aburrimiento.

- **Neuroeducación: Francisco Mora (2013)** aporta la base biológica: el deseo activa el sistema de recompensa cerebral (liberación de dopamina). El cerebro solo presta atención a lo que le emociona. Por tanto, la curiosidad es la "gasolina" del aprendizaje.

C. El Deseo de Enseñar (*Eros Pedagógico*)

No se puede encender un fuego con una mecha apagada. El deseo de enseñar es la condición *sine qua non* para despertar el deseo de aprender. **Hargreaves (1994)** argumenta que la pasión y el compromiso de los docentes son fundamentales. La enseñanza no es solo técnica, es afectiva. **García (2012)** destaca que el entusiasmo del docente es contagioso; actúa a través de las "neuronas espejo" del alumnado. Si el maestro se aburre, el alumno se aburre.

El deseo de enseñar también es un factor de protección laboral. **Ingersoll (2003)** y **González (2011)** señalan que el compromiso vocacional influye directamente en la retención del personal y evita el *burnout* (síndrome del quemado). Un docente que mantiene vivo su deseo de enseñar es un docente que sigue aprendiendo.

D. El Derecho de Enseñar: Autoridad y Libertad

El deseo debe articularse con la responsabilidad. El **Derecho de Enseñar** es el reconocimiento de que los educadores tienen la autoridad epistemológica y ética para guiar.

Paulo Freire (1970) sostiene que la enseñanza debe ser un acto de libertad y no de opresión. Pero advierte: la autoridad docente es necesaria. El docente no es un "igual" al alumno (tiene la responsabilidad de guiar), pero debe ejercer una autoridad democrática. Los docentes tienen el derecho y el deber de crear un ambiente que promueva la autonomía. Esto implica no solo transmitir, sino "dar la palabra".

E. Estrategias para Movilizar el Deseo (LOMLOE y CPSAA)

La normativa actual (**LOMLOE**) recoge este aspecto en la competencia **Personal, Social y de Aprender a Aprender (CPSAA)**. El objetivo es que el alumno sea consciente de su propia motivación.

Estrategias docentes para fomentar el deseo:

1. **Personalización:** Adaptar el contenido a los intereses (Tomlinson, 2001).

2. **Pedagogía del Misterio:** Presentar los contenidos como interrogantes a resolver, no como verdades a memorizar.

3. **Vínculo afectivo: Pianta (1999)** demuestra que el alumno aprende del profesor con el que tiene una buena relación.

4. **Autoeficacia:** Según **Albert Bandura (1997)**, el deseo de aprender depende de la percepción de autoeficacia ("quiero hacerlo porque creo que puedo hacerlo"). El docente debe proporcionar experiencias de éxito temprano.

Desafíos y Barreras

Existen barreras como la "Indefensión Aprendida" (Seligman), donde el alumno cree que, haga lo que haga, fracasará. Aquí, el deseo de enseñar del docente debe convertirse en una "pedagogía de la esperanza", rompiendo el círculo del fracaso (**Banks, 2006**).

3.1.3 El Alumnado como Sujeto Educativo

Tradicionalmente, la escuela consideraba al alumno como un "objeto" a moldear o un recipiente vacío a llenar (modelo bancario). Sin embargo, la didáctica contemporánea exige un cambio ontológico: el niño o niña es un **sujeto de pleno derecho**, con biografía, intereses y agencia propia.

El alumnado debe ser considerado el centro del proceso educativo. **Antonio Damasio (1994)** en *Descartes' Error*argumenta que las emociones juegan un papel crucial en el aprendizaje y la toma de decisiones. **Morales (2007)** enfatiza que reconocer al alumnado como sujeto educativo implica entender sus necesidades emocionales y cognitivas para proporcionar un apoyo adecuado que fomente un aprendizaje efectivo.

El enfoque centrado en el estudiante es respaldado por **Brusilovsky y Millán (2007)**, quienes destacan la importancia de adaptar la enseñanza a las características individuales de los estudiantes. Según **Rodríguez (2010)**, un enfoque personalizado en el aula permite abordar las diversas necesidades y estilos de aprendizaje, garantizando que todos los estudiantes puedan participar plenamente y alcanzar su máximo potencial.

El alumnado es el centro del proceso educativo, y su papel como sujeto educativo es fundamental para el éxito del aprendizaje. Este enfoque reconoce que los estudiantes no son meros receptores pasivos de información, sino participantes activos en su propio desarrollo educativo.

De la fabricación al nacimiento del sujeto (La aportación de Meirieu)

Para comprender profundamente al alumnado como sujeto, es imprescindible recurrir a **Philippe Meirieu (1998)** y su obra *Frankenstein educador*. Meirieu advierte contra el deseo del docente de "fabricar" al alumno a su imagen y semejanza. Reconocer al alumno como sujeto implica aceptar que **"nadie puede aprender por otro"**. El aprendizaje es una decisión personal e intransferible. La función del maestro no es moldear arcilla, sino crear las condiciones para que el sujeto emerja, decida aprender y se construya a sí mismo, aceptando que puede rechazar nuestra enseñanza. Esto introduce el límite ético en la didáctica: no podemos manipular al alumno, solo podemos acompañarlo.

El Rol Activo del Alumnado y la Agencia

El concepto de alumnado como sujeto educativo implica que los estudiantes tienen un rol activo en su aprendizaje. Según **Dewey (1938)**, la educación debe ser un proceso participativo donde los estudiantes se involucren en actividades significativas que promuevan el pensamiento crítico y la resolución de problemas. Este enfoque constructivista sostiene que el conocimiento se construye a través de la interacción con el entorno y la reflexión sobre las experiencias.

A esto se suma el concepto de **Agencia (Agency)** desarrollado por **Albert Bandura (2001)**. La agencia es la capacidad del estudiante para influir intencionadamente en su propio funcionamiento y en las circunstancias de su vida. Un alumno con agencia no solo reacciona a las tareas escolares, sino que planifica, se automotiva y reflexiona sobre su eficacia (metacognición). Fomentar la agencia es el objetivo último de la competencia **"Aprender a Aprender"** (CPSAA) de la LOMLOE.

Autonomía y Responsabilidad

La autonomía es un componente clave del alumnado como sujeto educativo. **Freire (1970)** argumenta que la educación debe empoderar a los estudiantes para que se conviertan en agentes de su propio aprendizaje. Esto implica fomentar la capacidad de tomar decisiones informadas, asumir responsabilidades y desarrollar habilidades de autorregulación. La autonomía no solo mejora el rendimiento académico, sino que también prepara a los estudiantes para enfrentar los desafíos de la vida adulta.

El Niño como Ciudadano del Presente (Tonucci)

Reconocer al alumnado como sujeto también tiene una dimensión política y cívica. **Francesco Tonucci (2009)**, creador del proyecto *La ciudad de los niños*, critica la visión de la escuela que ve al niño como un "futuro ciudadano". El alumno es ciudadano **hoy**, con derechos y capacidades para transformar su entorno escolar. Esto implica que los Consejos Escolares y las asambleas de aula no deben ser simulacros, sino espacios reales de poder donde la voz de la infancia sea escuchada y tenga impacto en la organización del centro.

Diversidad y Equidad

Reconocer al alumnado como sujeto educativo también implica valorar la diversidad y promover la equidad en el aula. Cada estudiante tiene un conjunto único de experiencias, habilidades y necesidades que deben ser consideradas en el proceso educativo. **Banks (2006)** sostiene que una educación inclusiva y equitativa es esencial para garantizar que todos los estudiantes tengan las mismas oportunidades de éxito. Esto requiere la implementación de prácticas pedagógicas que respeten y valoren las diferencias culturales, lingüísticas y socioeconómicas.

Participación y Voz del Estudiante

La participación activa de los estudiantes en el proceso educativo es crucial para su desarrollo como sujetos educativos. Según **Fielding (2004)**, dar voz a los estudiantes y permitirles participar en la toma de decisiones educativas puede mejorar su compromiso y motivación. Esto puede lograrse a través de métodos como el aprendizaje basado en proyectos, los consejos estudiantiles y las evaluaciones participativas. Al involucrar a los estudiantes en la planificación y evaluación de su aprendizaje, se les reconoce como co-creadores del conocimiento.

La **Convención sobre los Derechos del Niño (ONU, 1989)** establece en su artículo 12 el derecho del niño a expresar su opinión en todos los asuntos que le afectan. La **LOMLOE (2020)** incorpora este principio como eje transversal, obligando a los centros a establecer cauces de participación real.

Relación con el Docente

La relación entre el alumnado y el docente es un factor determinante en el proceso educativo. **Pianta (1999)** destaca que una relación positiva y de apoyo entre el maestro y el estudiante puede mejorar significativamente el rendimiento académico y el bienestar emocional del alumno. Los docentes deben actuar como facilitadores del aprendizaje, proporcionando orientación y apoyo mientras fomentan la independencia y la autoeficacia de los estudiantes.

Desafíos y Barreras

A pesar de la importancia de reconocer al alumnado como sujeto educativo, existen varios desafíos y barreras que pueden dificultar este enfoque. Entre ellos se encuentran las limitaciones de recursos, las políticas educativas restrictivas y las actitudes tradicionales hacia la enseñanza. Es esencial que los educadores y los responsables de las políticas trabajen juntos para superar estos obstáculos y promover un entorno educativo inclusivo y equitativo (**Gay, 2000**).

3.2 El Saber Vinculado a la Experiencia y a la Vida

3.2.1 El Conocimiento Vinculado a la Experiencia y a la Vida Cotidiana

John Dewey (1938) argumenta que el aprendizaje debe estar basado en experiencias significativas. Su obra *Experience and Education* subraya que el conocimiento adquirido a través de experiencias directas es más relevante y duradero. Este enfoque se refleja en metodologías como el Aprendizaje Basado en Proyectos (ABP), que conecta el contenido curricular con situaciones reales y relevantes para los estudiantes.

En el contexto español, *Álvarez* (2014) sostiene que la integración de experiencias prácticas en el currículo es crucial para un aprendizaje auténtico. La conexión entre el conocimiento y la vida cotidiana de los estudiantes facilita una comprensión más profunda y significativa de los contenidos. Este enfoque es apoyado por la teoría del aprendizaje experiencial de *Kolb* (1984), que muestra que los estudiantes que participan en actividades prácticas tienen un mayor entendimiento y retención del contenido.

El conocimiento vinculado a la experiencia y la vida cotidiana se refiere a la comprensión y habilidades que las personas adquieren a través de sus interacciones diarias y experiencias personales. Este tipo de conocimiento es fundamental para la toma de decisiones, la resolución de problemas y la adaptación a diferentes contextos.

1. Definición y Características

El conocimiento experiencial es aquel que se obtiene a través de la práctica y la vivencia directa. A diferencia del conocimiento teórico, que se adquiere mediante el estudio y la reflexión, el conocimiento experiencial se basa en la acción y la observación. Según Kolb (1984), el aprendizaje experiencial es un proceso en el cual el conocimiento se crea a través de la transformación de la experiencia.

2. Importancia en la Vida Cotidiana

El conocimiento vinculado a la experiencia es crucial en la vida cotidiana porque permite a las personas adaptarse a situaciones nuevas y resolver problemas de manera efectiva. Por ejemplo, una persona que ha aprendido a cocinar a través de la práctica diaria puede improvisar recetas y adaptar técnicas según los ingredientes disponibles. Este tipo de conocimiento también es esencial en el ámbito laboral, donde la experiencia práctica puede ser más valiosa que el conocimiento teórico.

3. Ejemplos de Conocimiento Experiencial

- **Cocina**: Aprender a cocinar a través de la práctica diaria.

- **Conducción**: Mejorar las habilidades de conducción con la experiencia.

- **Comunicación**: Desarrollar habilidades interpersonales a través de la interacción social.

4. Teorías del Aprendizaje Experiencial

David Kolb es uno de los teóricos más influyentes en el campo del aprendizaje experiencial. Su modelo de aprendizaje experiencial (1984) se basa en un ciclo de cuatro etapas: experiencia concreta, observación reflexiva, conceptualización abstracta y experimentación activa. Este ciclo permite a los individuos transformar sus experiencias en conocimiento.

5. Aplicaciones Prácticas

El conocimiento experiencial tiene aplicaciones prácticas en diversos campos. En la educación, se promueve el aprendizaje basado en proyectos y la enseñanza práctica para facilitar la adquisición de habilidades. En el ámbito empresarial, las empresas valoran la experiencia laboral y fomentan el aprendizaje continuo a través de la práctica.

El conocimiento vinculado a la experiencia y la vida cotidiana es esencial para el desarrollo personal y profesional. A través de la práctica y la vivencia directa, las personas pueden adquirir habilidades y conocimientos que les permiten adaptarse y prosperar en diferentes contextos.

3.2.2 La Educación Afectiva-Emocional

Históricamente, la escuela ha priorizado el desarrollo cognitivo-racional, relegando las emociones al ámbito privado. Sin embargo, en las últimas décadas se ha producido un "giro afectivo" en la pedagogía. Hoy sabemos que cognición y emoción son dos caras de la misma moneda; no se puede aprender si el cerebro está bloqueado por el miedo, el estrés o la apatía.

La educación debe abordar no solo el desarrollo cognitivo, sino también el afectivo y emocional. **Daniel Goleman (1995)**destaca la importancia de la inteligencia emocional, que incluye habilidades como la empatía y la autorregulación. **Palacios (2008)** refuerza esta idea, señalando que las competencias emocionales son fundamentales para el bienestar integral del estudiante y el éxito académico.

La investigación de **Zins, Weissberg, Wang y Walberg (2004)** también apoya la importancia de la educación emocional. Según **Pérez (2011)**, los programas de educación emocional no solo mejoran el rendimiento académico, sino que también fomentan habilidades sociales y emocionales que son esenciales para el desarrollo personal y social de los estudiantes.

1. Fundamentos Teóricos: De la Inteligencia a la Competencia Emocional

Para comprender este campo, es necesario diferenciar entre el constructo psicológico (Inteligencia) y la intervención pedagógica (Educación).

- **El Modelo de Habilidad (Salovey & Mayer, 1990):** Antes que Goleman, Peter Salovey y John Mayer definieron científicamente la Inteligencia Emocional (IE) como la capacidad de percibir, facilitar, comprender y regular las emociones. A diferencia de Goleman, que lo mezcló con rasgos de personalidad, estos autores la ven como una habilidad mental pura que se puede entrenar.

- **La Educación Emocional (Rafael Bisquerra, 2000):** En el ámbito universitario español, Bisquerra es la máxima autoridad. Define la educación emocional como "un proceso educativo, continuo y permanente, que pretende potenciar el desarrollo de las competencias emocionales como elemento esencial del desarrollo humano". Su objetivo final no es solo el control emocional, sino el **bienestar personal y social**.

- **Neuroeducación (Francisco Mora, 2013):** La neurociencia ha demostrado que el sistema límbico (cerebro emocional) es la puerta de entrada al aprendizaje. Mora acuñó la frase: *"Solo se puede aprender aquello que se ama"*. Si un estímulo no genera una emoción (curiosidad, sorpresa, alegría), no activa la atención y, por tanto, no se consolida en la memoria en el hipocampo. Por contra, el estrés tóxico bloquea la corteza prefrontal, impidiendo el razonamiento.

2. El Marco Normativo: La LOMLOE y la Competencia CPSAA

La **Educación Afectiva-Emocional** ya no es una opción, es un mandato legal. La **LOMLOE (2020)** y el **Decreto 106/2022** de la Comunidad Valenciana integran las emociones en el corazón del currículo a través de la **Competencia Personal, Social y de Aprender a Aprender (CPSAA)**.

Esta competencia clave implica, según la ley, la capacidad de reflexionar sobre uno mismo, gestionar el tiempo y la información eficazmente, colaborar con otros de forma constructiva, mantener la resiliencia y gestionar el aprendizaje propio. Por tanto, evaluar si un alumno "sabe gestionar su frustración" es ahora tan curricular como evaluar si sabe sumar.

3. Componentes de la Educación Afectiva-Emocional (El Modelo Pentagonal)

La educación afectiva-emocional se refiere al proceso de enseñar y aprender habilidades emocionales y sociales. **Rafael Bisquerra (2009)** propone un modelo de 5 bloques competenciales que estructura la intervención en el aula:

1. **Conciencia Emocional:** Capacidad para tomar conciencia de las propias emociones y de las de los demás, incluyendo la habilidad para captar el clima emocional de un contexto determinado. (Ej. Saber distinguir entre ira, frustración y decepción).

2. **Regulación Emocional:** Capacidad para manejar las emociones de forma apropiada. Supone tomar conciencia de la relación entre emoción, cognición y comportamiento. Incluye estrategias de afrontamiento y capacidad para autogenerarse emociones positivas.

3. **Autonomía Emocional:** Incluye un conjunto de características relacionadas con la autogestión personal, como la autoestima, la actitud positiva ante la vida, la responsabilidad, la autoeficacia emocional y la resiliencia.

4. **Competencia Social:** Capacidad para mantener buenas relaciones con otras personas. Esto implica dominar las habilidades sociales básicas, el respeto, la comunicación asertiva y la gestión de conflictos.

5. **Competencias para la Vida y el Bienestar:** Capacidad para adoptar comportamientos apropiados y responsables para afrontar los desafíos diarios de la vida.

4. Estrategias para Implementar la Educación Afectiva-Emocional

Para implementar la educación afectiva-emocional en el aula, es importante crear un ambiente seguro y acogedor, integrar actividades emocionales en el currículo y fomentar la comunicación y la resolución de conflictos (**Rodríguez, 2023**).

Algunas estrategias efectivas incluyen:

- **El Docente como Modelo Emocional:** Según **Extremera y Fernández-Berrocal (2004)**, el profesor es el principal instrumento didáctico. Su forma de reaccionar ante el estrés o el conflicto es la lección más potente que reciben los alumnos (aprendizaje vicario).

- **Vocabulario Emocional:** Ampliar la "granuralidad emocional" de los niños para que dejen de decir "estoy mal" y empiecen a decir "me siento ignorado" o "estoy abrumado".

- **Juegos de rol (Role-playing):** Permiten a los estudiantes practicar la empatía poniéndose en los zapatos del otro en situaciones simuladas.

- **Mindfulness y Atención Plena:** Técnicas de relajación y respiración consciente para reducir la impulsividad y mejorar la autorregulación en momentos de tensión en el aula.

- **Diarios emocionales:** Ayudan a los estudiantes a reflexionar sobre sus emociones y experiencias, promoviendo la metacognición emocional.

5. Beneficios de la Educación Afectiva-Emocional

La educación afectiva-emocional tiene numerosos beneficios, tanto a nivel personal como académico. Según **Bastidas-Amador et al. (2023)**, esta educación permite a los estudiantes comprender y gestionar sus propias emociones, lo que contribuye a su éxito futuro.

- **Prevención de conductas de riesgo:** Diversos estudios demuestran que una alta inteligencia emocional actúa como factor protector ante el consumo de drogas, la violencia y el bullying.

- **Mejora del Clima de Aula:** Reduce la conflictividad y aumenta la cohesión grupal.

- **Salud Mental:** En un contexto de creciente ansiedad infantil, dotar a los alumnos de herramientas de gestión emocional es una cuestión de salud pública.

La educación afectiva-emocional es esencial para el desarrollo integral de los estudiantes. A través de la enseñanza de habilidades emocionales y sociales, los estudiantes pueden mejorar su bienestar emocional, establecer relaciones saludables y tener éxito en su vida personal y profesional.

3.3 Organización y Estructura en el Aula

3.3.1 Espacios de Aula, Organización de la Actividad y Estructura de las Tareas Académicas

La didáctica no ocurre en el vacío. El escenario donde se desarrolla la acción educativa condiciona, facilita o entorpece el aprendizaje. Como afirmaba **Loris Malaguzzi**, creador de las escuelas de Reggio Emilia, "el espacio es el tercer maestro" (después de la familia y el docente). Si queremos un aprendizaje activo y colaborativo, no podemos mantener un aula diseñada para la clase magistral del siglo XIX.

El diseño y la organización del aula son fundamentales para el aprendizaje. **Maria Montessori (1912)** sostiene que un entorno bien diseñado puede fomentar la independencia y el aprendizaje activo. **Méndez (2015)** complementa esta idea, destacando que la disposición del espacio y el mobiliario deben adaptarse a las necesidades de los estudiantes para maximizar su participación y compromiso.

La importancia del entorno de aprendizaje bien diseñado es corroborada por **Barrett et al. (2015)**, quienes encuentran que características como la iluminación, la calidad del aire y la disposición del aula afectan el rendimiento académico hasta en un 16%. En el contexto español, **Serrano (2016)** argumenta que la creación de un entorno de aprendizaje estimulante y flexible es clave para promover un ambiente educativo positivo y eficaz.

1. Espacios de Aula: Del "Contenedor" al "Habitante"

El espacio escolar no es un recipiente neutro, es un agente educativo. **Loughlin y Suina (1997)**, en su obra clásica *El ambiente de aprendizaje*, distinguen entre el espacio arquitectónico (fijo) y el ambiente funcional (cómo se usa).

- **Tipologías de distribución:**
    - *Modelo tradicional (Bus row):* Filas de pupitres mirando al frente. Fomenta la atención unidireccional hacia el docente, el trabajo individual y la pasividad. Es útil para la instrucción directa pero letal para la interacción.
    - *Modelo flexible (Clusters):* Mesas agrupadas en islas de 4 o 5. Fomenta el aprendizaje cooperativo y la interacción entre iguales.
    - *Modelo por Zonas (Learning Landscapes):* El aula se rompe y se generan rincones de aprendizaje.
- **La perspectiva del DUA:** El espacio debe ser accesible cognitiva y físicamente. Un aula inclusiva debe tener zonas de "baja estimulación" (rincones de calma) para alumnos con TEA o alta sensibilidad, y zonas de movimiento.

Zonificación del Aula Moderna (Orientanet, 2024): Para responder al **Decreto 106/2022**, que exige metodologías activas, el aula debe transformarse. Algunos espacios imprescindibles son:

- **Ágora o Zona de Asamblea:** Espacio diáfano (con alfombras o gradas) para el debate, la resolución de conflictos y la presentación de tareas.
- **Zona de Investigación:** Con acceso a dispositivos, biblioteca de aula y materiales de consulta.

- **Zona Maker/Taller:** Mesas amplias para manipular, construir maquetas y crear productos (ABP).
- **Rincón de la Calma:** Espacio protegido para la autorregulación emocional.

2. Organización del Tiempo y la Actividad

El tiempo es el recurso más escaso en la escuela. Tradicionalmente, la escuela opera bajo un **tiempo monocrónico** (una sola cosa a la vez, horarios rígidos de 45 minutos). Sin embargo, la didáctica actual promueve un **tiempo policrónico**(varias actividades simultáneas) y flexible.

- **Rutinas y Estructura:** La organización de la actividad debe proporcionar seguridad. **Polanco (2005)** destaca que las rutinas no son meros hábitos, sino estructuras que permiten al niño anticipar qué va a ocurrir, reduciendo la ansiedad y liberando memoria de trabajo para el aprendizaje.
- **Gestión del Tiempo Escolar (Chronemics):** El **Decreto 106/2022** permite la organización por **Ámbitos** (agrupar asignaturas). Esto facilita bloques de tiempo más largos (ej. 2 horas seguidas) imprescindibles para trabajar por Proyectos (ABP) o realizar experimentos científicos que no caben en sesiones cortas.

3. Estructura de las Tareas Académicas

No basta con sentar a los niños en grupos; lo que define el aprendizaje es la **tarea** que realizan. **Walter Doyle (1983)**, padre del enfoque ecológico del aula, define la tarea académica como el elemento que estructura el comportamiento de los alumnos. Según Doyle, una tarea tiene tres componentes:

1. **El producto:** Qué tiene que entregar el alumno (un redacción, un ejercicio, una maqueta).
2. **Las operaciones:** Qué procesos cognitivos debe activar (memorizar, opinar, analizar).
3. **Los recursos:** Qué se le permite usar.

Niveles de Demanda Cognitiva: Es crucial que el docente diseñe tareas variadas. Si todas las tareas son de memoria o rutina, el aula se vuelve aburrida y surge la indisciplina.

- *Tareas de Memoria:* Reproducir información.
- *Tareas de Procedimiento:* Aplicar una fórmula o regla conocida.
- *Tareas de Comprensión:* Transformar la información, explicar por qué.
- *Tareas de Opinión/Creación:* No hay una única respuesta correcta. Tienen **riesgo y ambigüedad**, lo que exige mayor acompañamiento docente.

Estrategias para estructurar tareas efectivas:

- **Instrucciones explícitas:** Muchos problemas de comportamiento surgen porque el alumno no sabe qué hacer.
- **Andamiaje (Scaffolding):** Desglosar tareas complejas en pasos manejables (ej. para hacer un proyecto, primero investigamos, luego hacemos un boceto, luego construimos).
- **Multinivel (DUA):** La misma tarea debe tener varios niveles de entrada y salida para que el alumno con altas capacidades no se aburra y el alumno con dificultades no se frustre.

4. Beneficios de una Buena Organización

Una buena organización del espacio, las actividades y las tareas académicas tiene numerosos beneficios (**Educativos para, 2024**):

- **Mejora del rendimiento:** Un ambiente ordenado reduce la carga cognitiva extraña.

- **Autonomía:** Si los materiales están accesibles y las rutinas claras, el alumno no depende constantemente del profesor.

- **Reducción de la conflictividad:** Los "tiempos muertos" (esperas) son donde surgen los conflictos. Una buena estructura de tareas elimina los tiempos muertos.

5. Desafíos y Soluciones

A pesar de los beneficios, la organización del aula presenta desafíos como la masificación (ratios altas) o la arquitectura antigua de los centros.

- **Solución:** La **docencia compartida** (dos profesores en el aula) permite gestionar mejor grupos complejos en espacios flexibles.

- **Participación estudiantil:** Involucrar a los estudiantes en el diseño del aula (ej. decidir dónde va la biblioteca) aumenta su sentido de pertenencia y cuidado del material (**Tonucci**).

3.3.2 El Trabajo Colaborativo

El trabajo colaborativo es un enfoque educativo que promueve la interacción social y el aprendizaje activo. **Lev Vygotsky (1979)** destaca la importancia del aprendizaje social y la zona de desarrollo próximo, donde los estudiantes aprenden mejor en colaboración con otros. **Pérez (2011)** sostiene que el trabajo en grupo no solo facilita el aprendizaje de contenido, sino que también desarrolla habilidades sociales y emocionales en los estudiantes.

La efectividad del trabajo colaborativo es apoyada por **Johnson, Johnson y Holubec (1999)**, quienes encuentran que el aprendizaje cooperativo mejora el rendimiento académico y el clima del aula. **García (2018)** subraya que las estrategias de trabajo colaborativo deben ser implementadas de manera sistemática en el aula para maximizar sus beneficios.

El trabajo colaborativo es una metodología educativa y profesional que se basa en la cooperación y la interacción entre individuos para alcanzar objetivos comunes. Esta forma de trabajo es esencial en el contexto actual, donde la complejidad de las tareas y la necesidad de diversas habilidades hacen que la colaboración sea fundamental.

1. Definición y Matices Conceptuales: ¿Colaborar o Cooperar?

Aunque a menudo se usan como sinónimos, en la didáctica rigurosa es necesario distinguir entre "Trabajo en Grupo", "Aprendizaje Colaborativo" y "Aprendizaje Cooperativo".

- **Trabajo en Grupo (Tradicional):** Se sienta a los alumnos juntos, pero a menudo uno hace el trabajo y los demás miran ("efecto polizón"). No hay estructura que garantice la participación.

- **Aprendizaje Colaborativo:** Es una filosofía de interacción donde los individuos son responsables de sus propias acciones, incluyendo el aprendizaje, y respetan las habilidades y contribuciones de sus compañeros. Se asocia más a niveles educativos superiores (universidad) donde los alumnos ya tienen altas habilidades sociales.

- **Aprendizaje Cooperativo:** Es el uso instruccional de grupos pequeños para que los estudiantes trabajen juntos y aprovechen al máximo el aprendizaje propio y el que se produce en la interrelación (**Johnson & Johnson, 1999**). Es una metodología **muy estructurada** por el docente, ideal para Educación Primaria, diseñada para garantizar que *todos* participen.

2. Los 5 Elementos Esenciales del Aprendizaje Cooperativo

Según **Johnson y Johnson (1999)**, para que un grupo sea verdaderamente cooperativo y no un mero grupo de trabajo, deben darse cinco condiciones *sine qua non*:

1. **Interdependencia Positiva:** Es el corazón del sistema. Los alumnos deben percibir que "nos salvamos juntos o nos hundimos juntos". El éxito de uno depende del éxito de los demás. Se logra mediante metas compartidas, recompensas conjuntas o roles complementarios.

2. **Responsabilidad Individual y Grupal:** El grupo es responsable de alcanzar el objetivo, pero cada miembro es responsable de su parte. No hay lugar para la pasividad. El docente debe evaluar tanto al grupo como al individuo.

3. **Interacción Promotora (Cara a cara):** Los alumnos deben realizar el trabajo real juntos, promoviendo el éxito de los demás, compartiendo recursos, ayudando, apoyando y animando.

4. **Habilidades Sociales:** No nacemos sabiendo cooperar; hay que enseñarlo. El docente debe instruir explícitamente en liderazgo, toma de decisiones, construcción de confianza, comunicación y gestión de conflictos.

5. **Procesamiento Grupal (Evaluación):** Los miembros del grupo analizan qué tan bien están alcanzando sus metas y manteniendo relaciones de trabajo efectivas.

3. Fundamentación Psicopedagógica

El trabajo colaborativo se sustenta en tres pilares teóricos robustos:

- **Teoría de la Interdependencia Social (Kurt Lewin y Morton Deutsch):** Establece que la estructura de las metas determina la interacción. Si la meta es cooperativa, la interacción es promotora; si es competitiva, es de oposición.

- **Teoría del Desarrollo Cognitivo (Piaget):** El **conflicto sociocognitivo**. Cuando dos alumnos confrontan puntos de vista diferentes sobre un problema, se produce un desequilibrio cognitivo que obliga a reestructurar el pensamiento para llegar a una solución superior.

- **Teoría del Aprendizaje Social (Bandura):** Aprendemos observando a otros (modelado). En un grupo heterogéneo, los alumnos aprenden estrategias de pensamiento de sus compañeros.

69

4. Estructura de los Grupos y Roles

Para maximizar la inclusión, **Pere Pujolàs (2008)** recomienda formar **Grupos Heterogéneos** de 4 alumnos (Equipos de Base), compuestos por:

- 1 alumno con mayor capacidad de ayuda.

- 2 alumnos de capacidad media.

- 1 alumno con más necesidad de ayuda.

Asignación de Roles: Para asegurar la participación, se asignan roles rotativos como: *Coordinador* (dirige la tarea), *Secretario* (toma notas), *Controlador del tiempo/ruido*, y *Portavoz*.

5. Estrategias y Técnicas Cooperativas (La Caja de Herramientas)

Para implementar el trabajo colaborativo de manera efectiva, es importante seguir ciertas estrategias estructuradas, no dejarlo al azar:

- **1-2-4 (Pujolàs):** El docente plantea una pregunta. 1) Cada alumno piensa la respuesta en silencio. 2) Se ponen en parejas e intercambian/mejoran la respuesta. 4) El grupo de cuatro acuerda la respuesta final.

- **El Rompecabezas (Jigsaw de Aronson):** La lección se divide en 4 partes. Cada alumno del grupo se "especializa" en una parte y se reúne con "expertos" de otros grupos. Luego vuelve a su equipo base y enseña su parte a sus compañeros. Es la técnica suprema de interdependencia.

- **Lápices al Centro:** Mientras los lápices están en el centro, solo se puede hablar y acordar cómo se hace el ejercicio. Cuando cada uno coge su lápiz, ya no se puede hablar, solo escribir. Garantiza que todos entiendan antes de ejecutar.

6. Beneficios del Trabajo Colaborativo

El trabajo colaborativo ofrece numerosos beneficios, tanto a nivel individual como grupal. Entre estos beneficios se incluyen:

- **Desarrollo de Habilidades Sociales:** Mejora las habilidades de comunicación, negociación y resolución de conflictos, directamente vinculado con la **Competencia Personal, Social y de Aprender a Aprender (CPSAA)** de la LOMLOE.

- **Aumento de la Motivación:** La colaboración y el apoyo mutuo aumentan la motivación y el compromiso de los miembros del grupo, reduciendo la ansiedad ante el error.

- **Atención a la Diversidad:** Es la herramienta más potente para la inclusión. Permite que el docente atienda a los grupos mientras los alumnos se ayudan entre sí, multiplicando los recursos de apoyo en el aula.

7. Desafíos del Trabajo Colaborativo

A pesar de sus beneficios, el trabajo colaborativo también presenta desafíos. Algunos de estos desafíos incluyen la falta de coordinación, los conflictos interpersonales y la desigualdad en la participación. Para superar estos desafíos, es importante establecer normas claras, fomentar la comunicación abierta y proporcionar apoyo y formación en habilidades de colaboración.

3.3.3 La Atención a la Diversidad

Tradicionalmente, la diversidad se veía como un "problema" a resolver o un déficit a compensar. El modelo actual, impulsado por la UNESCO y la legislación vigente, exige un cambio de mirada radical: la diversidad es la norma, no la excepción. No hay dos cerebros iguales, por tanto, no puede haber una enseñanza estandarizada.

La atención a la diversidad es fundamental en el aula. **Mel Ainscow (2005)** argumenta que la educación inclusiva implica adaptar la enseñanza para satisfacer las necesidades de todos los estudiantes, no solo de aquellos con discapacidad. En el contexto español, **López Melero (2013)** sostiene que la atención a la diversidad requiere enfoques pedagógicos que consideren las diferencias individuales y promuevan una participación equitativa, transformando la cultura escolar desde la segregación hacia la convivencia.

La investigación sobre educación inclusiva apoya la idea de que las estrategias inclusivas pueden mejorar el rendimiento académico y el bienestar de los estudiantes. **Martínez (2017)** enfatiza la necesidad de implementar prácticas pedagógicas inclusivas para garantizar que todos los estudiantes tengan acceso a una educación de calidad.

1. Del modelo del Déficit al modelo de Barreras (BAP)

Para entender la atención a la diversidad hoy, debemos sustituir el concepto de "Necesidad Educativa Especial" (que pone el foco en el déficit del niño) por el de **Barreras para el Aprendizaje y la Participación (BAP)**.

- **Fundamento Teórico: Booth y Ainscow (2002)**, en su *Index for Inclusion*, establecen que las limitaciones no están en el alumno, sino en el entorno (currículo rígido, barreras arquitectónicas, prejuicios docentes). La función de la escuela es identificar y eliminar esas barreras.

- **Evolución de paradigmas:**

  o *Exclusión:* Algunos no entran en el sistema.

  o *Segregación:* Entran, pero en centros aparte (Educación Especial).

  o *Integración:* Están en la escuela ordinaria, pero se les exige adaptarse al sistema ("el niño tiene que llegar al nivel").

  o *Inclusión:* El sistema se transforma para acoger a todos ("la escuela se adapta al niño").

2. Concepto de Diversidad y Equidad

La diversidad en el contexto educativo se refiere a la variedad de características que pueden diferenciar a los estudiantes, incluyendo diferencias culturales, lingüísticas, socioeconómicas, de género, capacidades físicas y cognitivas, entre otras (**Banks, 2006**). La atención a la diversidad implica reconocer estas diferencias como un valor enriquecedor y no como un obstáculo.

La atención a la diversidad es crucial para promover la **equidad**. Según **Gerardo Echeita (2006)**, la equidad no es dar a todos lo mismo (igualdad), sino dar a cada uno lo que necesita para llegar al mismo objetivo. Al valorar y respetar las diferencias individuales, se fomenta un clima de respeto y comprensión mutua que es esencial para el desarrollo personal y social de los estudiantes.

3. El Diseño Universal para el Aprendizaje (DUA)

La herramienta metodológica principal para atender a la diversidad en la LOMLOE es el DUA. Desarrollado por el **CAST (Center for Applied Special Technology)** y difundido en España por **Carmen Alba Pastor (2016)**, el DUA se basa en la neurociencia.

Si diseñamos un edificio con rampa, sirve para la persona en silla de ruedas, pero también para el que lleva un carrito de bebé o una maleta pesada. Lo mismo ocurre en el currículo: si diseñamos pensando en los márgenes, beneficiamos a todos. El DUA propone tres principios:

1. **Múltiples formas de Implicación (El Porqué):** Captar el interés de formas variadas.

2. **Múltiples formas de Representación (El Qué):** Ofrecer la información en audio, texto, vídeo y lectura fácil.

3. **Múltiples formas de Acción y Expresión (El Cómo):** Permitir que el alumno demuestre lo que sabe mediante un examen oral, un trabajo escrito, un vídeo o un dibujo.

4. Marco Normativo Valenciano: Los Niveles de Respuesta

En la **Comunidad Valenciana**, la atención a la diversidad está regulada de forma pionera por el **Decreto 104/2018** de Inclusión Educativa y la **Orden 20/2019**. Este marco elimina la improvisación y estructura la atención en **4 Niveles de Respuesta**:

- **Nivel I (Centro):** Medidas que afectan a todo el colegio (ej. Proyecto Educativo inclusivo, patios coeducativos, accesibilidad física).

- **Nivel II (Aula):** Medidas ordinarias para todo el grupo. Aquí entra la programación multinivel, el DUA, el aprendizaje cooperativo y la **Codocencia** (dos profesores en el aula). No requiere informes.

- **Nivel III (Refuerzo):** Medidas específicas para alumnos con dificultades puntuales (ej. Programas de Refuerzo, enriquecimiento para altas capacidades).

- **Nivel IV (Individual):** Medidas extraordinarias. Requiere evaluación sociopsicopedagógica. Incluye la **ACIS**(Adaptación Curricular Individual Significativa), donde se modifican los objetivos de la etapa.

5. Estrategias Pedagógicas para la Diversidad

Existen diversas estrategias que los docentes pueden emplear. Una de las más efectivas es la **enseñanza multinivel**(Tomlinson, 2001), que implica enseñar el mismo concepto (ej. el sistema solar) con diferentes niveles de profundidad y complejidad en la misma sesión, permitiendo que cada alumno trabaje en su zona de desarrollo próximo.

Otra estrategia vital es la **Docencia Compartida (Huguet, 2006)**. En lugar de sacar al alumno con dificultades fuera del aula (lo que estigmatiza y segrega), entra un segundo profesor (PT o AL) al aula ordinaria para apoyar a todos.

6. Desafíos en la Atención a la Diversidad

A pesar de los avances, existen desafíos como las limitaciones de recursos, la falta de formación adecuada para los docentes y las actitudes negativas hacia la diversidad. Es esencial que los responsables de las políticas educativas y los líderes escolares trabajen juntos para superar estos obstáculos (**UNESCO, 2009**).

Un desafío crítico es la **evaluación**. Atender a la diversidad sirve de poco si luego se evalúa a todos con el mismo examen estandarizado. La inclusión real exige una evaluación personalizada y criterial.

3.3.4 Seguimiento y Orientación de los Aprendizajes

La enseñanza no termina al impartir la lección; de hecho, ahí es donde empieza el verdadero trabajo de acompañamiento. El seguimiento y la orientación constituyen la "columna vertebral" de la personalización educativa. Sin ellos, el docente es un mero transmisor; con ellos, se convierte en un mentor.

El seguimiento y la orientación de los aprendizajes son esenciales para el progreso de los estudiantes. **John Hattie y Helen Timperley (2007)** destacan que la retroalimentación efectiva y el apoyo individualizado pueden mejorar significativamente el rendimiento y la motivación de los estudiantes. **García (2016)** argumenta que el seguimiento continuo del progreso académico permite ajustar la enseñanza y ofrecer apoyo adicional cuando es necesario.

La importancia del seguimiento y la orientación también es respaldada por **Dylan Wiliam (2011)**, quien señala que la evaluación formativa y el monitoreo constante del aprendizaje son fundamentales para identificar y abordar las necesidades educativas de los estudiantes antes de que se conviertan en lagunas insalvables.

1. La Función Tutorial y la Orientación Educativa

En el sistema educativo español, **"todo maestro es tutor"**. La orientación no es una tarea exclusiva de los psicólogos, sino una función docente inherente. La **LOMLOE (Art. 91)** establece la tutoría y la orientación como derechos del alumnado.

- **Definición de Acción Tutorial:** Es el conjunto de intervenciones que se desarrollan con el alumnado, las familias y el equipo docente para personalizar la educación. En la Comunidad Valenciana, esto se planifica en el **Plan de Acción Tutorial (PAT)**, que forma parte del Proyecto Educativo de Centro.

- **Niveles de Orientación:**
    1. **Primer Nivel (Aula):** El tutor/a es el primer orientador. Su función es la integración del alumno en el grupo, el seguimiento académico y la mediación.
    2. **Segundo Nivel (Centro):** Los Servicios de Orientación o Equipos de Orientación Educativa (en Valencia, coordinados por la Orientadora del centro), que apoyan al tutor en casos complejos.

2. Importancia del Seguimiento de los Aprendizajes (Evaluación Continua)

El seguimiento de los aprendizajes se refiere a la evaluación continua del progreso de los estudiantes a lo largo del tiempo, no solo al final del trimestre. Según **Black y Wiliam (1998)**, la evaluación formativa es crucial para mejorar el rendimiento académico, ya que proporciona información valiosa ("evidencias de aprendizaje") sobre las fortalezas y debilidades de los estudiantes *mientras* están aprendiendo.

Carol Dweck (2006) introduce aquí un concepto vital: la **Mentalidad de Crecimiento (*Growth Mindset*)**. El seguimiento debe orientarse a mostrar al alumno que la inteligencia no es fija, sino que mejora con el esfuerzo y la estrategia. Si el seguimiento solo señala errores sin dar vías de mejora, fomenta la indefensión.

3. El Ciclo del Feedback Efectivo

No todo el seguimiento es útil. Decir "buen trabajo" o "necesitas mejorar" no es feedback, es elogio o crítica. Para que haya orientación, debe haber información procesable. **Hattie y Timperley (2007)** proponen un modelo de tres preguntas que deben guiar la orientación:

1. **Feed-up (¿Hacia dónde voy?):** Clarificar los objetivos.

2. **Feed-back (¿Cómo voy?):** Información sobre el progreso actual.

3. **Feed-forward (¿Qué sigue?):** Estrategias para cerrar la brecha.

4. Estrategias y Herramientas de Seguimiento

Existen diversas estrategias para llevar a cabo el seguimiento de los aprendizajes. Entre ellas se encuentran:

- **Evaluaciones Diagnósticas:** Se realizan al inicio de un curso o unidad para identificar el nivel de conocimiento previo y los "conceptos erróneos" de los estudiantes (**Gagné, 1985**).

- **Evaluaciones Formativas y Reguladoras:** Se llevan a cabo durante el proceso. **Allal (1988)** distingue entre regulación interactiva (durante la clase), retroactiva (corrección posterior) y proactiva (preparación futura).

- **Portafolios de Aprendizaje:** Son colecciones de trabajos seleccionados por los estudiantes que muestran su progreso y reflexión a lo largo del tiempo (**Paulson, Paulson & Meyer, 1991**). Es una herramienta potente para ver la evolución, no solo el resultado.

- **Diarios de Aprendizaje:** El alumno escribe qué ha aprendido, qué le ha costado y cómo se ha sentido.

5. Orientación hacia la Autorregulación (Aprender a Aprender)

La meta final de la orientación es volverse innecesaria; es decir, que el alumno sea autónomo. La orientación de los aprendizajes implica guiar a los estudiantes para que desarrollen la **metacognición**.

Según **Barry Zimmerman (2002)**, la autorregulación es un ciclo de tres fases:

1. **Previsión:** El alumno analiza la tarea y planea.

2. **Ejecución:** El alumno monitorea su propio trabajo mientras lo hace.

3. **Auto-reflexión:** El alumno evalúa si su estrategia funcionó.

El docente debe modelar este ciclo en voz alta para que los alumnos lo interioricen. Esto conecta directamente con la **Competencia Personal, Social y de Aprender a Aprender (CPSAA)**.

6. Técnicas de Orientación Personalizada

- **Tutorías Individuales:** Espacios para hablar no solo de notas, sino de bienestar emocional y expectativas.

- **Planes de Trabajo Individualizados (PTI):** Documentos que detallan los objetivos de aprendizaje y las estrategias para alcanzarlos (**Tomlinson, 2001**), esenciales para alumnos con necesidades específicas.

- **Mentoría entre iguales:** Alumnos mayores o más expertos orientan a compañeros noveles (**Topping, 1996**).

7. Beneficios del Seguimiento y la Orientación

El seguimiento y la orientación de los aprendizajes ofrecen numerosos beneficios:

- **Mejora del Rendimiento Académico:** La retroalimentación continua y las intervenciones personalizadas tienen uno de los tamaños del efecto más altos en educación (**Hattie, 2009**).

- **Reducción de la Deserción Escolar:** La identificación temprana de dificultades y la provisión de apoyo adecuado pueden prevenir la desvinculación y el abandono (**Finn, 1989**).

- **Clima de confianza:** El alumno siente que al docente le importa su aprendizaje, lo que mejora el vínculo educativo.

3.4 Evaluación

Tradicionalmente, la evaluación se ha confundido con la calificación (poner una nota) y con el examen (el instrumento). Sin embargo, en la didáctica moderna, la evaluación es un proceso ético y técnico de recogida de información para tomar decisiones fundamentadas. Como afirma **Neus Sanmartí (2007)**: "Dime cómo evalúas y te diré cómo enseñas". Si queremos cambiar la enseñanza (hacia competencias), debemos cambiar obligatoriamente la evaluación.

La Evaluación como un Proceso Formativo y Regulador

La evaluación formativa es un componente clave en el proceso educativo. **Black y Wiliam (1998)** argumentan que la evaluación formativa proporciona información continua sobre el progreso de los estudiantes y ayuda a ajustar la enseñanza para mejorar el aprendizaje. **Suárez (2012)** refuerza esta idea, subrayando que la evaluación formativa debe ser un proceso continuo y adaptativo que informe las prácticas pedagógicas.

La evaluación formativa también es respaldada por **John Hattie (2009)**, quien encuentra que la retroalimentación (*feedback*) es una de las estrategias más efectivas para mejorar el aprendizaje (con un tamaño del efecto de 0.73, uno de los más altos en educación). **Fernández (2014)** sostiene que la retroalimentación efectiva debe ser específica, oportuna y orientada a mejorar el rendimiento, proporcionando a los estudiantes información valiosa sobre su progreso y áreas de mejora.

Bajo la **LOMLOE** y el **Decreto 106/2022**, la evaluación en Educación Primaria se define con tres adjetivos obligatorios:

1. **Global:** Se refiere al conjunto de las competencias, no a asignaturas estancas.

2. **Continua:** No se juega todo a una sola carta (examen final), sino que se recogen datos constantemente.

3. **Formativa:** Su finalidad es detectar dificultades "en el momento" para aplicar mecanismos de refuerzo.

3.4.1 Evaluación del Alumnado, del Currículo y de las Actuaciones Docentes

La evaluación debe ser sistémica. No es justo evaluar solo al eslabón más débil (el alumno) sin evaluar el sistema que lo acoge. La evaluación debe abarcar no solo el rendimiento del alumnado, sino también la efectividad del currículo y las prácticas docentes.

Michael Scriven (1967) introduce el concepto de evaluación formativa (durante el proceso) y sumativa (al final del proceso), destacando la importancia de evaluar todos los aspectos del proceso educativo para asegurar una educación de calidad. En el contexto español, **Martínez (2015)** enfatiza la necesidad de una evaluación integral que permita identificar áreas de mejora y adaptar las estrategias de enseñanza.

A. Evaluación del Alumnado (¿Qué y Cómo evaluar?)

En el modelo competencial, el objeto de evaluación ya no son los contenidos memorísticos, sino los **Criterios de Evaluación** asociados a las Competencias Específicas.

- **Triangulación de instrumentos:** Para ser justos, no podemos usar un solo método. Debemos triangular datos de:
  1. *Observación:* Listas de cotejo, escalas de valoración.
  2. *Producciones:* Trabajos, proyectos, cuadernos.
  3. *Pruebas:* Orales, escritas, prácticas.

- **Participación del estudiante:** La evaluación democrática exige incorporar la **Autoevaluación** (el alumno valora su trabajo) y la **Coevaluación** (valoración entre iguales), fundamentales para desarrollar la capacidad crítica.

B. Evaluación de la Práctica Docente y del Currículo

La evaluación del currículo y de las actuaciones docentes es crucial para garantizar que el contenido y los métodos de enseñanza sean efectivos y pertinentes. **García (2018)** sugiere que la evaluación debe ser sistemática y basada en evidencia para asegurar que las prácticas educativas cumplan con sus objetivos.

El docente debe convertirse en un **"profesional reflexivo" (Donald Schön, 1992)**. Esto implica analizar:

- ¿Ha sido adecuada la metodología?
- ¿Los materiales eran accesibles (DUA)?
- ¿La gestión de los tiempos fue realista?
- ¿El clima de aula favoreció el aprendizaje?

En la Comunidad Valenciana, la normativa exige incluir en la Programación de Aula indicadores de logro para evaluar la propia práctica docente (ej. "He conseguido motivar al alumnado", "He atendido a la diversidad de forma eficaz").

3.4.2 El Fracaso Escolar

El fracaso escolar es un desafío significativo que requiere una comprensión profunda de sus causas y la implementación de estrategias efectivas para abordarlo. No es un problema meramente individual ("el niño no vale"), sino institucional y social.

Pierre Bourdieu y Jean-Claude Passeron (1970), en su teoría de la reproducción, argumentan que las desigualdades sociales y culturales pueden contribuir significativamente al fracaso escolar. La escuela valora el "capital cultural" de las clases medias/altas; los alumnos que no traen ese capital de casa (lenguaje, hábitos, expectativas) parten con desventaja y el sistema los sanciona, disfrazando de "falta de capacidad" lo que es desigualdad de origen.

En el contexto español, **Ramos (2011)** sostiene que el fracaso escolar está influenciado por factores como el contexto socioeconómico y el acceso a recursos educativos.

Definición y Matices

Es importante distinguir conceptos:

- **Fracaso Escolar Administrativo:** No obtener el título graduado en ESO.

- **Abandono Escolar Temprano:** Dejar de estudiar después de la obligatoria sin llegar a Bachillerato o FP. España tiene una de las tasas más altas de Europa, aunque ha mejorado.

Causas del Fracaso

Según **Marchesi (2003)**, las causas son multifactoriales:

1. **Factores del Alumno:** Dificultades de aprendizaje no detectadas (dislexia, TDAH), baja autoestima, falta de motivación.

2. **Factores del Centro:** Metodologías pasivas y aburridas, evaluación sancionadora, falta de vínculo afectivo con el profesorado.

3. **Factores Sociocamiliares:** Pobreza, bajas expectativas familiares, falta de apoyo en casa.

Estrategias de Prevención e Intervención

Para abordar el fracaso escolar, es esencial adoptar un enfoque inclusivo y equitativo. **Fernández (2018)** destaca la importancia de identificar y superar las barreras que enfrentan los estudiantes en riesgo de fracaso.

La **LOMLOE** propone mecanismos específicos:

- **Detección Precoz:** No esperar a que el alumno suspenda para actuar.

- **Planes de Refuerzo:** En cuanto se detecta una dificultad, se debe activar un plan de apoyo (Nivel III de respuesta).

- **Personalización:** Uso del **DUA** para que el currículo no sea una barrera.

- **Acción Tutorial:** Acompañamiento emocional para mejorar la "identidad de aprendiz" del alumno y evitar la indefensión aprendida.

DIDÁCTICA GENERAL　　　　　　　LAURA MONSALVE LORENTE

Tema 4. Ser Maestra, Ser Maestro

Introducción: La construcción de la identidad docente en el siglo XXI

"Ser maestro" no es una cualidad innata ni una mera función técnica; es una construcción profesional compleja, ética y política. Históricamente, la figura del docente ha transitado desde el *magister* vocacional (casi sacerdotal) al técnico ejecutor de currículos, hasta llegar a la concepción actual: el docente como **profesional reflexivo** y **agente de cambio social**.

En el contexto actual, marcado por la incertidumbre, la digitalización y la diversidad, la **LOMLOE** exige un nuevo perfil profesional. Ya no basta con "saber la materia" (dominio del contenido); el maestro del siglo XXI debe ser un experto en el diseño de situaciones de aprendizaje (**ingeniero curricular**), un gestor de emociones y grupos (**líder pedagógico**) y un investigador de su propia práctica.

Como señala **Francisco Imbernón (2017)**, la profesión docente sufre una "redefinición constante". El oficio de enseñar implica hoy tomar decisiones en escenarios de indeterminación. No existen "recetas" universales, sino principios de actuación fundamentados en la evidencia y en la ética del cuidado. En este tema, abordaremos las dimensiones que configuran esta identidad: desde las buenas prácticas en el aula hasta la innovación curricular, pasando por la investigación-acción como motor de desarrollo profesional. Ser maestro hoy es, ante todo, comprometerse con el aprendizaje permanente: enseñar es aprender dos veces.

4.1 El Oficio de Maestra y Maestro

El oficio docente se sitúa en la intersección entre el conocimiento teórico y la acción práctica. **Lee Shulman (1987)** revolucionó este campo al acuñar el concepto de **Conocimiento Didáctico del Contenido (PCK)**: no basta con saber matemáticas, hay que saber *cómo enseñar* matemáticas para que sean comprensibles para otros.

4.1.1 Buenas Prácticas Docentes

Las buenas prácticas docentes no son intuiciones felices, sino actuaciones fundamentadas en la investigación educativa y la experiencia profesional, cuyo objetivo es optimizar el proceso de enseñanza y aprendizaje. Estas prácticas abarcan varios aspectos cruciales:

- **Planificación Efectiva (Diseño Instruccional):** La planificación es el antídoto contra la improvisación negativa. Es esencial para asegurar que el proceso educativo se desarrolle de manera ordenada y coherente. **Marzano (2003)** identifica que una planificación efectiva incluye la definición clara de objetivos, la selección de contenidos pertinentes y la adaptación de métodos.

  - *Enfoque actual:* Bajo la **LOMLOE**, planificar significa diseñar **Situaciones de Aprendizaje**. Implica prever el "Qué" (Saberes), el "Para qué" (Competencias) y el "Cómo" (Metodología), aplicando el principio de **Alineación Constructiva** (**Biggs, 1996**): que objetivos, actividades y evaluación remen en la misma dirección.

- **Gestión del Aula (Classroom Management):** La gestión del aula es el requisito previo para que ocurra el aprendizaje. Según **Wang, Haertel y Walberg (1993)**, una gestión eficaz promueve un ambiente positivo y ordenado. Esto no se refiere solo a la disciplina, sino a la "orquestación" de los tiempos, los espacios y los flujos de interacción.

- o *El clima de aula:* Un docente eficaz establece normas claras desde el primer día, gestiona las transiciones entre actividades para evitar tiempos muertos y fomenta un clima de seguridad psicológica (**Rogers**).

- **Evaluación Formativa y Retroalimentación:** La evaluación formativa es la herramienta más potente para el desarrollo del alumnado. **Black y Wiliam (1998)** argumentan que proporciona retroalimentación (*feedback*) continua. Esta información es vital no para calificar, sino para regular el aprendizaje.

  - o *Cultura del error:* Una buena práctica docente consiste en resignificar el error, dejando de verlo como un fracaso para verlo como una oportunidad de aprendizaje.

- **Metodologías Activas:** El uso de metodologías activas (ABP, Cooperativo) involucra a los estudiantes de manera activa. **Johnson y Johnson (1999)** destacan que fomentan el compromiso y las habilidades sociales. El docente deja de ser el "sabio en la tarima" (*sage on the stage*) para ser el "guía al costado" (*guide on the side*).

4.1.2 La Práctica Reflexiva Emancipadora

Frente al modelo de docente como "técnico" que aplica manuales, surge el modelo del **Profesional Reflexivo**.

Donald Schön (1983) introdujo este concepto clave, argumentando que los docentes deben reflexionar sobre su propia práctica para mejorarla continuamente, especialmente en las "zonas pantanosas" de la práctica donde las soluciones técnicas no funcionan. Schön distingue tres momentos:

1. **Conocimiento en la acción:** El saber hacer tácito que usamos al dar clase (ej. improvisar un ejemplo).

2. **Reflexión en la acción:** Pensar sobre lo que estamos haciendo *mientras* lo hacemos para corregir el rumbo (ej. "Veo que se aburren, voy a cambiar la actividad").

3. **Reflexión sobre la acción:** El análisis a posteriori (después de clase) para comprender qué funcionó y qué no.

Gimeno Sacristán (2004) refuerza la importancia de esta práctica, señalando que la reflexión crítica permite a los docentes cuestionar no solo *cómo* enseñan, sino *por qué* enseñan lo que enseñan (dimensión política y ética). La práctica reflexiva emancipa al docente de la rutina y la tradición acrítica.

4.1.3 La Autonomía Profesional y la Coordinación con la Comunidad Educativa

La profesión docente vive una tensión constante entre la autonomía (libertad de cátedra) y la necesidad de trabajar en equipo (coherencia de centro).

- **Autonomía Profesional:** Es crucial para tomar decisiones contextualizadas. **Hargreaves y Fullan (2012)** argumentan que la autonomía permite adaptar los enfoques pedagógicos a las necesidades específicas de los estudiantes. Sin autonomía, el docente se desprofesionaliza y se convierte en un burócrata.

- **Coordinación y Cultura Colaborativa:** Sin embargo, la autonomía mal entendida lleva al "aislamiento celular" (cada maestrillo con su librillo). **Andy Hargreaves (1994)** advierte contra la "balcanización" de la escuela (grupos enfrentados). La coordinación con la comunidad educativa es fundamental.

  - *Marco Legal:* En la Comunidad Valenciana, los órganos de coordinación docente (Ciclos, Comisión de Coordinación Pedagógica - COCOPE) son obligatorios para garantizar la continuidad educativa.

- **Comunidad Educativa: Gimeno Sacristán (2006)** destaca que la escuela no es una isla. La coordinación efectiva con familias y entorno es vital para crear un ecosistema educativo coherente ("hace falta una tribu para educar a un niño").

4.2 Prácticas Curriculares Innovadoras

La sociedad cambia a una velocidad vertiginosa, y la escuela no puede permanecer estática. La innovación no es una moda, es una necesidad adaptativa.

4.2.1 La Innovación Curricular

La **innovación curricular** se refiere a la adopción intencional y sistemática de nuevos enfoques para mejorar el aprendizaje. Según **Jaume Carbonell (2001)**, innovar no es solo introducir novedades, sino alterar los elementos del currículo para provocar un cambio cualitativo.

- **Aprendizaje Basado en Proyectos (ABP):** Como señala **Thomas (2000)**, el ABP fomenta el pensamiento crítico y la conexión con la realidad. Rompe la estructura rígida de las asignaturas para abordar problemas complejos.

- **Gamificación y ABJ: Deterding et al. (2011)** argumentan que usar mecánicas de juego aumenta la motivación intrínseca. Transforma el aula en un espacio de reto y recompensa emocional.

- **Tecnologías Emergentes y Competencia Digital Docente:** La integración de las TIC (Tecnologías de la Información y la Comunicación) ha evolucionado hacia las TAC (Tecnologías del Aprendizaje y el Conocimiento). **Kukulska-Hulme (2012)** señala su potencial para la personalización. En España, esto se regula mediante el **Marco de Referencia de la Competencia Digital Docente (MRCDD)**, que todo maestro debe acreditar.

4.2.2 La Coeducación, la Sostenibilidad y la Interculturalidad en el Currículo

La **LOMLOE** establece estos elementos como principios vertebradores del sistema educativo, alineados con la **Agenda 2030**.

- **Coeducación:** No es solo escuela mixta. La coeducación busca la eliminación de las desigualdades de género. **Gómez (2008)** y **Marina Subirats** argumentan que es esencial para deconstruir el "currículo oculto" sexista y fomentar una cultura de igualdad real desde la infancia (patios coeducativos, visibilización de mujeres referentes).

- **Sostenibilidad (ODS):** La educación para la sostenibilidad prepara a los estudiantes para la emergencia climática. **UNESCO (2017)** destaca que debe ser un enfoque integral (ecosocial), no solo "reciclar papel", sino desarrollar una conciencia crítica sobre el consumo y la justicia global.

- **Interculturalidad:** Frente a la multiculturalidad (vivir juntos pero separados), la interculturalidad promueve la interacción positiva. **James A. Banks (2006)** y **Xavier Besalú** sostienen que un currículo intercultural combate el racismo y prepara para una ciudadanía global, valorando la diversidad como riqueza y no como problema.

4.2.3 El Centro como Unidad de Innovación

La innovación aislada de un "profesor francotirador" tiene poco recorrido. Para que el cambio sea sostenible, debe ser institucional. **Michael Fullan (2001)** argumenta que los centros educativos deben convertirse en **Organizaciones que Aprenden (Peter Senge)**.

Gimeno Sacristán (2006) destaca que la unidad de cambio es el centro. Esto implica:

- Liderazgo distribuido (no solo del director).

- Visión compartida y Proyecto Educativo consensuado.

- Culturas de colaboración profesional donde los docentes observan y mejoran las prácticas de sus compañeros (*Mentoring*).

4.3 Investigación y Desarrollo Profesional

Un docente que deja de aprender, deja de enseñar. El desarrollo profesional es el compromiso ético de mantener la competencia al día.

4.3.1 La Investigación sobre la Práctica Educativa

La idea del **"docente como investigador"** fue popularizada por **Lawrence Stenhouse (1987)**. Sostiene que el currículo no es un documento cerrado, sino una hipótesis que el maestro pone a prueba en su aula-laboratorio.

- **Investigación Acción:** Es la metodología reina para el docente. **Kemmis y McTaggart (1988)** definen su ciclo en espiral:
    1. **Planificar:** Identificar un problema en el aula (ej. "mis alumnos no comprenden los problemas matemáticos").

2. **Actuar:** Implementar una nueva estrategia.

3. **Observar:** Recoger datos sobre qué ocurre.

4. **Reflexionar:** Analizar los datos y replanificar.

- **Impacto: Gimeno Sacristán (2004)** señala que este enfoque empodera al docente, convirtiéndolo en productor de conocimiento pedagógico y no en mero consumidor de teorías académicas.

4.3.2 La Formación y el Desarrollo Profesional del Profesorado

La formación inicial (el Grado) es solo el comienzo. El desarrollo profesional docente (DPD) dura toda la carrera.

- **Formación Continua: Darling-Hammond (2000)** argumenta que la formación efectiva no son los "cursillos" aislados y teóricos, sino la formación situada, relevante y colaborativa.

- **Modelos de Formación:**

  o *Formación en Centro:* Grupos de trabajo donde todo el claustro se forma junto en una necesidad real (ej. implantar el ABP).

  o *Seminarios y Comunidades de Práctica:* Espacios de intercambio entre iguales.

- **Gimeno Sacristán (2006)** destaca que la formación debe estar alineada con el contexto real. Un docente bien formado es la variable que más influye en el éxito del alumnado, por encima de los recursos materiales o la ratio.

Epílogo y Síntesis Integradora: La Docencia como Compromiso Ético, Político y Transformador

Llegamos al final de este recorrido intelectual y profesional. A lo largo de estos temas, hemos desgranado la **Didáctica General** no como un mero recetario de técnicas para "dar clase" o "llenar el tiempo", sino como la ciencia y el arte que orquesta la complejidad de la formación humana. Hemos transitado desde las macroestructuras del sistema educativo (legislación y currículo) hasta la intimidad del vínculo pedagógico en el aula, pasando por la identidad de quien enseña.

Este epílogo no pretende ser un resumen reiterativo, sino una **brújula final** que integre las piezas del puzle. Al cerrar el libro, es imprescindible articular las cuatro dimensiones fundamentales que constituyen el andamiaje de nuestra profesión y proyectarlas hacia el futuro.

1. El Currículo: De la Burocracia al Proyecto Vital

Hemos aprendido (Tema 2) que el currículo no es un documento inerte, sino, en palabras de **Gimeno Sacristán**, una "apuesta política y cultural". Bajo el marco de la **LOMLOE** y el **Decreto 106/2022**, hemos asumido el reto histórico de abandonar la enseñanza enciclopédica —basada en la acumulación efímera de datos— para abrazar una **enseñanza competencial**.

El futuro maestro/a no es un técnico que ejecuta ciegamente lo que dicta el libro de texto o la administración. Es un **diseñador curricular** e ingeniero pedagógico capaz de transformar los saberes fríos de la ley en **Situaciones de Aprendizaje** vivas, contextualizadas y significativas. Hemos visto que planificar no es rellenar papeles, sino anticipar el futuro: es imaginar qué experiencias necesita vivir el alumnado para comprender el mundo y actuar sobre él.

2. La Centralidad del Sujeto: Ética de la Hospitalidad

En el corazón del acto didáctico (Tema 3) hemos situado al alumnado. Pero no como un "recipiente vacío" (modelo bancario), sino como un sujeto de pleno derecho, dotado de agencia, emoción y deseo. Siguiendo la estela de **Meirieu**, hemos comprendido que educar es la responsabilidad de crear el enigma que despierte el deseo de saber, aceptando al mismo tiempo la libertad del otro para aprender.

La escuela inclusiva, apoyada en el **Diseño Universal para el Aprendizaje (DUA)** y la normativa de inclusión valenciana, deja de ser una opción pedagógica para convertirse en un imperativo ético. La escuela es, ante todo, un lugar de **acogida radical**. La excelencia educativa del siglo XXI ya no se mide por la capacidad de seleccionar a los mejores, sino por la capacidad de derribar barreras (físicas, cognitivas, sensoriales y culturales) para que *todo* el alumnado pueda desarrollar su máximo potencial.

3. La Ecología del Aula: Aprender a Vivir Juntos

Hemos constatado que el aprendizaje es situado y social. El aula es un ecosistema vivo donde la arquitectura, el tiempo y la agrupación condicionan el pensamiento. Las metodologías activas que hemos explorado (ABP, Aprendizaje Cooperativo, Aprendizaje-Servicio) no son meras modas; son la respuesta a la necesidad de construir una ciudadanía democrática.

Si queremos una sociedad que sepa dialogar, colaborar y resolver conflictos pacíficamente, la escuela debe ensayar esas prácticas día a día. Como nos enseñó **Dewey**, la escuela no es una preparación para la vida, es la vida misma. Por tanto, gestionar la convivencia, organizar los espacios de forma flexible y evaluar de manera formativa y justa son actos de construcción social.

4. La Reinvención de la Identidad Docente

Finalmente, hemos mirado hacia el espejo (Tema 4). Hemos descubierto que "ser maestro" es una identidad en construcción permanente, amenazada siempre por la rutina y la desprofesionalización. Frente al modelo del docente ejecutor, reivindicamos la figura del **docente investigador (Stenhouse)** y del **profesional reflexivo (Schön)**.

En una sociedad líquida y cambiante, la formación inicial es solo el punto de partida. El compromiso con la **innovación**, la investigación-acción y el desarrollo profesional continuo es lo que distingue al profesional del aficionado. La autoridad docente ya no emana del cargo ni de la tarima, sino de la competencia, el saber pedagógico y la capacidad de establecer vínculos de confianza y cuidado (**Pedagogía del Cuidado**).

Un Oficio para el Futuro

La educación es, en última instancia, un acto de esperanza. En un mundo atravesado por la incertidumbre, la crisis climática y la revolución digital, la escuela permanece como uno de los pocos lugares donde nos reunimos para pensar juntos sobre lo que importa.

El maestro y la maestra que salen de estas páginas tienen en sus manos una tarea titánica pero hermosa: **humanizar la humanidad**. No se trata solo de enseñar a leer o a sumar, sino de enseñar a ser, a convivir y a cuidar el mundo.

Este texto no ha pretendido ser un manual de instrucciones cerrado, sino un mapa de navegación para un territorio que tendrás que caminar tú mismo/a. Cerramos con la certeza de que la técnica didáctica es imprescindible, pero insuficiente si no va acompañada de pasión. Como sentenciaba **Paulo Freire**: *"La educación no cambia el mundo, cambia a las personas que van a cambiar el mundo"*.

Que este compendio de saberes sirva como brújula para orientar tu práctica, recordando siempre que la didáctica sin amor nos hace fríos tecnócratas, pero el amor sin didáctica nos hace ineficaces. La excelencia reside en la unión indisoluble de ambas: **competencia técnica y compromiso humano**.

Bienvenidas y bienvenidos al oficio más hermoso y difícil del mundo.

Referencias Bibliográficas

Aebli, H. (1983). Doce formas básicas de enseñar: Una didáctica basada en la psicología. Narcea.

Adler, M. J. (1982). The Paideia Proposal: An Educational Manifesto. Macmillan.

Ainscow, M. (2005). Developing inclusive education systems: What are the levers for change? Journal of Educational Change, 6(2), 109-124.

Allal, L. (1988). Estrategias de evaluación formativa: concepciones psicopedagógicas y modalidades de aplicación. *Infancia y Aprendizaje, 41*, 17-53.

Alba Pastor, C. (Coord.). (2016). *Diseño Universal para el Aprendizaje: Educación para todos y prácticas de enseñanza inclusivas*. Morata.

Antúnez, S. (1987). *El Proyecto Educativo de Centro*. Graó.

Aquino, T. (2001). *Suma de Teología* (4ª ed.). Biblioteca de Autores Cristianos. (Obra original publicada en 1265-1274).

Apple, M. W. (1979). Ideology and Curriculum. Routledge.

Apple, M. W. (1986). *Ideología y currículo*. Akal. (Obra original publicada en 1979).

Apple, M. W. (1996). *Política cultural y educación*. Morata.

Apple, M. W. (1996). Cultural Politics and Education. Teachers College Press.

Aristóteles. (1985). *Ética a Nicómaco*. Gredos. (Obra original publicada ca. 350 a.C.).

Arnaiz Sánchez, P. (2019). *La educación inclusiva en el siglo XXI: Avances y desafíos*. Universidad de Murcia.

Aronson, E. (1978). *The Jigsaw Classroom*. Sage.

Ausubel, D. P. (1968). *Educational psychology: A cognitive view*. Holt, Rinehart and Winston. [Edición en español: (1983). *Psicología educativa: un punto de vista cognoscitivo*. Trillas].

Bandura, A. (1997). *Self-efficacy: The exercise of control*. Freeman.

Banks, J. A. (2006). Cultural Diversity and Education: Foundations, Curriculum, and Teaching. Pearson.

Banks, J. A. (2008). *An introduction to multicultural education* (4ª ed.). Pearson/Allyn and Bacon.

Black, P., & Wiliam, D. (1998). Assessment and Classroom Learning. *Assessment in Education: Principles, Policy & Practice, 5*(1), 7-74.

Barrett, P., Davies, F., Zhang, Y., & Barrett, L. (2015). The impact of classroom design on pupils' learning: Final results of a holistic, multi-level analysis. *Building and Environment, 89*, 118-133.

Barrows, H. S. (1986). A Taxonomy of Problem-Based Learning Methods. *Medical Education, 20*(6), 481–486.

Batlle, R. (2020). *Aprendizaje-servicio: compromiso social en la educación*. PPC.

Bauman, Z. (2003). *Modernidad líquida*. Fondo de Cultura Económica.

Bell, S. (2010). Project-Based Learning for the 21st Century: Skills for the Future. *The Clearing House, 83*(2), 39–43. https://doi.org/10.1080/00098650903505415

Bergmann, J., & Sams, A. (2012). *Flip your classroom: Reach every student in every class every day*. ISTE.

Bernstein, B. (1998). *Pedagogía, control simbólico e identidad*. Morata.

Black, P., & Wiliam, D. (1998). Assessment and classroom learning. Assessment in Education: Principles, Policy & Practice, 5(1), 7-74.

Bloom, B. S. (1956). Taxonomy of Educational Objectives: The Classification of Educational Goals. David McKay Company.

Bisquerra, R. (2000). *Educación emocional y bienestar*. Praxis.

Bolívar, A. (2008). *Didáctica y currículum: de la modernidad a la posmodernidad*. Aljibe.

Booth, T., & Ainscow, M. (2002). *Index for Inclusion: Developing learning and participation in schools*. CSIE.

Biggs, J. (1996). Enhancing teaching through constructive alignment. *Higher Education, 32*, 347-364.

Black, P., & Wiliam, D. (1998). Assessment and Classroom Learning. *Assessment in Education, 5*(1), 7-74.

Bourdieu, P., & Passeron, J. C. (1970). La Reproduction: Éléments pour une théorie du système d'enseignement. Paris: Les Éditions de Minuit.

Brophy, J. (2004). *Motivating Students to Learn*. Erlbaum.

Brown, T. (2008). Design Thinking. *Harvard Business Review, 86*(6), 84-92.

Bruner, J. (1960). The Process of Education. Harvard University Press.

Bruner, J. S. (1988). *Desarrollo cognitivo y educación*. Morata. (Obra original publicada en 1960).

Carbonell, J. (2001). *La aventura de innovar. El cambio en la escuela*. Morata.

CAST. (2011). *Universal Design for Learning Guidelines version 2.0*. CAST.

Castells, M., et al. (2008). *El aprendizaje cooperativo y la motivación*. Octaedro.

Capra, F. (1996). The Web of Life: A New Scientific Understanding of Living Systems. Anchor Books.

Camilloni, A. R., Celman, S., Litwin, E., & Palou de Maté, M. C. (2007). La evaluación de los aprendizajes en el debate didáctico contemporáneo. Paidós.

Chevallard, Y. (1991). *La transposición didáctica: del saber sabio al saber enseñado*. Aique.

Coll, C. (1991). Psicología y currículum: Una aproximación psicopedagógica a la elaboración del currículum escolar. Paidós.

Comenio, J. A. (1986). *Didáctica Magna*. Akal. (Obra original publicada en 1657).

Csikszentmihalyi, M. (1990). *Flow: The Psychology of Optimal Experience.* Harper & Row.

Day, C. (2006). *Pasión por enseñar: la identidad personal y profesional del docente y sus valores.* Narcea. (Obra original publicada en 1999).

Darling-Hammond, L. (2000). Teacher quality and student achievement: A review of state policy evidence. Education Policy Analysis Archives, 8(1), 1-44.

Deci, E. L., & Ryan, R. M. (2000). The "what" and "why" of goal pursuits: Human needs and the self-determination of behavior. Psychological Inquiry, 11(4), 227-268.

Decreto 104/2018, de 27 de julio, del Consell, por el que se desarrollan los principios de equidad y de inclusión educativa en el sistema educativo valenciano. *Diari Oficial de la Generalitat Valenciana, 8356.*

Decreto 106/2022, de 5 de agosto, del Consell, de ordenación y currículo de la etapa de Educación Primaria. *Diari Oficial de la Generalitat Valenciana, 9402.*

Delors, J. (Coord.). (1996). *La educación encierra un tesoro.* Santillana/UNESCO.

Deterding, S., et al. (2011). From game design elements to gamefulness: defining gamification. *Proceedings of the 15th International Academic MindTrek Conference.*

Deterding, S., Dixon, D., Khaled, R., & Nacke, L. (2011). From Game Design Elements to Gamefulness: Defining "gamification". In Proceedings of the 15th International Academic MindTrek Conference: Envisioning Future Media Environments (pp. 9-15). ACM.

Deutsch, M. (1949). A Theory of Co-operation and Competition. *Human Relations, 2*(2), 129–152.

Dewey, J. (1998). *Democracia y educación: una introducción a la filosofía de la educación.* Morata. (Obra original publicada en 1916).

Dewey, J. (2004). *Experiencia y educación.* Biblioteca Nueva. (Obra original publicada en 1938).

Dweck, C. S. (2006). *Mindset: The new psychology of success.* Random House.

Doyle, W. (1983). Academic Work. *Review of Educational Research, 53*(2), 159-199.

Echeita, G. (2006). *Educación para la inclusión o educación sin exclusiones.* Narcea.

Eisner, E. W. (1985). The Educational Imagination: On the Design and Evaluation of School Programs. New York: Macmillan.

Eisner, E. W. (2002). The Arts and the Creation of Mind. Yale University Press.

Eisner, E. W. (2002). *La escuela que necesitamos: Ensayos personales.* Amorrortu.

Epstein, J. L. (2001). School, Family, and Community Partnerships: Preparing Educators and Improving Schools. Westview Press.

Fernández, M. (2014). *Evaluación y aprendizaje.* Síntesis.

Finn, J. D. (1989). Withdrawing from School. *Review of Educational Research, 59*(2), 117-142.

Flinders, D. J., Noddings, N., & Thornton, S. J. (1986). The Null Curriculum: Its Theoretical Basis and Practical Implications. *Curriculum Inquiry, 16*(1), 33-42.

Fosnot, C. T. (Ed.). (2005). Constructivism: Theory, Perspectives, and Practice. Teachers College Press.

Fosnot, C. T. (Ed.). (2005). *Constructivism: Theory, perspectives, and practice* (2ª ed.). Teachers College Press.

Freire, P. (1970). *Pedagogía del oprimido*. Siglo XXI.

Fröbel, F. (1913). *La educación del hombre*. J. Poveda. (Obra original publicada en 1826).

Fullan, M. (2001). The New Meaning of Educational Change. Teachers College Press.

Fullan, M. (2002). *Las fuerzas del cambio: explorando las profundidades de la reforma educativa*. Akal. (Obra original publicada en 2001).

Fullan, M. (2013). Great to Excellent: Launching the Next Stage of Ontario's Education Agenda. Ontario Ministry of Education.

Gagné, R. M. (1985). *The Conditions of Learning*. Holt, Rinehart and Winston.

García, C. M. (2012). *El compromiso docente*. Graó.

García, E. (2016). *La evaluación en el aula*. Narcea.

Gardner, H. (1983). Frames of Mind: The Theory of Multiple Intelligences. Basic Books.

Gardner, H. (1991). Frames of Mind: The Theory of Multiple Intelligences. Basic Books.

Gardner, H. (2001). *Estructuras de la mente: la teoría de las inteligencias múltiples*. Fondo de Cultura Económica. (Obra original publicada en 1983).

Gee, J. P. (2003). *What Video Games Have to Teach Us About Learning and Literacy*. Palgrave Macmillan.

Gimeno Sacristán, J. (2001). El currículum: Una reflexión sobre la práctica. Morata.

Gimeno Sacristán, J. (2004). Currículo y Contexto. Morata.

Gimeno Sacristán, J. (2006). El Curriculum: Una Reflexión sobre la práctica. Morata.

Gimeno Sacristán, J. (2006). *La reforma necesaria: Entre la política educativa y la práctica escolar*. Morata.

Gimeno Sacristán, J. (2008). *Educar por competencias, ¿qué hay de nuevo?*. Morata.

Gimeno Sacristán, J. (Comp.). (2010). *Saberes e incertidumbres sobre el currículum*. Morata.

Giroux, H. A. (1992). *Teoría y resistencia en educación*. Siglo XXI.

Goleman, D. (1995). Emotional Intelligence: Why It Can Matter More Than IQ. Bantam Books.

Gómez, A. (2008). *El trabajo coeducativo en el aula*. Graó.

Gómez, M. (2008). Coeducación y prácticas educativas: De la teoría a la práctica. Octaedro.

Grundy, S. (1998). *Producto o praxis del currículum*. Morata.

Gutmann, A. (1999). Democratic Education. Princeton University Press.

Gutmann, A. (2001). *La educación democrática*. Paidós. (Obra original publicada en 1999).

Hargreaves, A. (1994). *Changing Teachers, Changing Times*. Teachers College Press.

Hargreaves, A., & Fullan, M. (2012). *Professional Capital: Transforming Teaching in Every School*. Teachers College Press.

Harris, I. M., y Morrison, M. L. (2013). *Peace education* (3ª ed.). McFarland & Company.

Hattie, J. (2009). *Visible Learning*. Routledge.

Hattie, J. (2009). *Visible Learning: A synthesis of over 800 meta-analyses relating to achievement*. Routledge.

Hattie, J., & Timperley, H. (2007). The Power of Feedback. *Review of Educational Research, 77*(1), 81–112.

Hirsch, E. D. (1987). Cultural Literacy: What Every American Needs to Know. Houghton Mifflin.

Hmelo-Silver, C. E. (2004). Problem-Based Learning: What and How Do Students Learn? *Educational Psychology Review, 16*(3), 235–266.

Houssaye, J. (1988). *Le triangle pédagogique*. Peter Lang.

Huguet, T. (2006). *Aprender juntos en el aula: una propuesta inclusiva*. Graó.

Hutchins, R. M. (1953). The Conflict in Education in a Democratic Society. Harper & Brothers.

Imbernón, F. (2017). *Ser docente en una sociedad compleja*. Graó.

Ingersoll, R. M. (2003). *Is there really a teacher shortage?* CTP.

Jackson, P. W. (1968). Life in Classrooms. Holt, Rinehart and Winston.

Jackson, P. W. (2001). *La vida en las aulas*. Morata. (Obra original publicada en 1968).

Jacobi, M. (1991). Mentoring and Undergraduate Academic Success: A Literature Review. *Review of Educational Research, 61*(4), 505-532

Johnson, D. W., & Johnson, R. T. (1994). *Learning together and alone*. Allyn and Bacon.

Johnson, D. W., & Johnson, R. T. (1994). Cooperation: The Foundation of Effective Learning. Edina, MN: Interaction Book Company.

Johnson, D. W., & Johnson, R. T. (1996). Conflict resolution and peer mediation programs in elementary and secondary schools: A review of the research. Review of Educational Research, 66(4), 459-506.

Johnson, D. W., & Johnson, R. T. (1999). Learning Together and Alone: Cooperative, Competitive, and Individualistic Learning. Allyn & Bacon.

Johnson, D. W., Johnson, R. T., & Smith, K. A. (2016). Active Learning: Cooperation in the College Classroom. University of Minnesota.

Kapp, K. M. (2012). The Gamification of Learning and Instruction. Pfeiffer.

Kemmis, S. (1993). *El currículum: más allá de la teoría de la reproducción*. Morata.

Kemmis, S., & McTaggart, R. (1988). The Action Research Planner. Deakin University Press.

Kilpatrick, W. H. (1918). The Project Method. *Teachers College Record, 19*(4), 319-335.

Kolb, D. A. (1984). Experiential Learning: Experience as the Source of Learning and Development. Prentice-Hall.

Kirschner, P. A., Sweller, J., & Clark, R. E. (2006). Why Minimal Guidance During Instruction Does Not Work: An Analysis of the Failure of Constructivist, Discovery, Problem-Based, Experiential, and Inquiry-Based Teaching. *Educational Psychologist, 41*(2), 75–86.

Kukulska-Hulme, A. (2012). Language Learning and Mobile Technologies. In The Cambridge Handbook of Language Learning (pp. 298-319). Cambridge University Press.

Kukulska-Hulme, A. (2012). How should the changing technology landscape influence our thinking? *Centre for Open Learning of Mathematics, Science, Computing and Technology*.

Lave, J., & Wenger, E. (1991). *Situated learning: Legitimate peripheral participation*. Cambridge University Press.

Lewin, K. (1935). *A dynamic theory of personality*. McGraw-Hill.

Ley Orgánica 3/2020, de 29 de diciembre, por la que se modifica la Ley Orgánica 2/2006, de 3 de mayo, de Educación. *Boletín Oficial del Estado, 340*. https://www.boe.es/eli/es/lo/2020/12/29/3

Lynch, K., y Baker, J. (2005). Equality in education: An equality of condition perspective. *Theory and Research in Education, 3*(2), 131–164.

López Melero, M. (2013). *Barreras que impiden la escuela inclusiva y algunas estrategias para construir una escuela sin exclusiones*. Innovación Educativa, 21, 37-54.

Loughlin, C. E., & Suina, J. H. (1997). *El ambiente de aprendizaje: diseño y organización*. Morata.

Malaguzzi, L. (2001). *La educación infantil en Reggio Emilia*. Octaedro.

Marchesi, A. (2003). *El fracaso escolar en España*. Fundación Alternativas.

Maslow, A. H. (1991). *Motivación y personalidad* (3ª ed.). Díaz de Santos. (Obra original publicada en 1954).

Marzano, R. J. (2003). Classroom Management That Works: Research-Based Strategies for Every Teacher. ASCD.

Marzano, R. J. (2003). *What works in schools: Translating research into action*. ASCD.

Mayer, R. E. (2004). Should there be a three-strikes rule against pure discovery learning?. American Psychologist, 59(1), 14-19.

Méndez, J. M. (2015). *Organización escolar y desarrollo profesional docente*. Grupo 5.

Meirieu, P. (1998). *Frankenstein educador*. Laertes.

Montessori, M. (1912). The Montessori Method. Frederick A. Stokes Company.

Mora, F. (2013). *Neuroeducación: solo se puede aprender aquello que se ama*. Alianza Editorial.

OECD. (2005). The Definition and Selection of Key Competencies: Executive Summary.

Orden 20/2019, de 30 de abril, de la Conselleria de Educación, Investigación, Cultura y Deporte, por la que se regula la organización de la respuesta educativa para la inclusión del alumnado en los centros docentes. *Diari Oficial de la Generalitat Valenciana, 8540*.

Organización Mundial de la Salud (OMS). (2020). *Guidelines on mental health promotive and preventive interventions for adolescents*. World Health Organization.

Papert, S. (1980). Mindstorms: Children, Computers, and Powerful Ideas. Basic Books.

Paulson, F. L., Paulson, P. R., & Meyer, C. A. (1991). What Makes a Portfolio a Portfolio? *Educational Leadership, 48*(5), 60-63.

Pérez Gómez, A. I. (1998). *La cultura escolar en la sociedad neoliberal*. Morata.

Perrenoud, P. (2012). *Cuando la escuela pretende preparar para la vida*: ¿Desarrollar competencias o enseñar otros saberes? Graó.

Perkins, D. N. (1992). Smart Schools: From Training Memories to Educating Minds. Free Press.

Perkins, D. (2003). *Making Thinking Visible*. New Horizons for Learning.

Pestalozzi, J. H. (1801). Wie Gertrud ihre Kinder lehrt (Cómo enseña Gertrudis a sus hijos).

Pestalozzi, J. H. (2006). *Cómo Gertrudis enseña a sus hijos*. Porrúa. (Obra original publicada en 1801).

Piaget, J. (1952). The Origins of Intelligence in Children. International Universities Press.

Piaget, J. (1972). The Principles of Genetic Epistemology. Routledge.

Pierson, R. (2013). *Every Kid Needs a Champion* [Video]. TED Conferences.

Pinar, W. F. (2014). *La teoría del currículum*. Narcea.

Platón. (1988). *La República*. Gredos. (Obra original publicada ca. 380 a.C.).

Prensky, M. (2001). Digital Natives, Digital Immigrants. On the Horizon, 9(5), 1-6.

Pino Juste, M. (2008). Educación para el desarrollo sostenible: compromiso y acción. Octaedro.

Polanco, A. (2005). La motivación en los estudiantes universitarios. *Revista Electrónica Actualidades Investigativas en Educación, 5*(2).

Pujolàs, P. (2008). *9 ideas clave. El aprendizaje cooperativo*. Graó.

Real Decreto 157/2022, de 1 de marzo, por el que se establecen la ordenación y las enseñanzas mínimas de la Educación Primaria. *Boletín Oficial del Estado, 52*. https://www.boe.es/eli/es/rd/2022/03/01/157

Rogers, C. R. (1969). Freedom to Learn: A View of What Education Might Become. Charles Merrill.

Rousseau, J. J. (1762). Émile ou De l'éducation.

Rousseau, J.-J. (1990). Emilio, o De la educación. Alianza Editorial. (Obra original publicada en 1762).

Sacristán, J. G. (2001). El currículum: una reflexión sobre la práctica. Morata.

Sanmartí, N. (2007). *10 ideas clave. Evaluar para aprender*. Graó.

Santos Guerra, M. Á. (2003). La escuela que aprende: Una nueva gestión del conocimiento para el cambio y la innovación. Morata.

Santos Guerra, M. A. (2014). *La evaluación como aprendizaje*. Narcea.

Santos Guerra, M. A. (2006). *Arqueología de los sentimientos en la escuela*. Bonum.

Selwyn, N. (2011). *Education and technology: Key issues and debates*. Continuum.

Sen, A. (2000). *Desarrollo y libertad*. Planeta. (Obra original publicada en 1999).

Serrano, M. (2016). *Diseño de espacios educativos: Hacia una arquitectura para el aprendizaje*. Tesis Doctoral. Universidad Politécnica de Valencia.

Schleicher, A. (2018). *World Class: How to Build a 21st-Century School System*. OECD Publishing.

Schenke, P. (1988). The Hidden Curriculum. University of Illinois Press.

Schön, D. A. (1983). The Reflective Practitioner: How Professionals Think in Action. Basic Books.

Schön, D. A. (1992). *La formación de profesionales reflexivos*. Paidós.

Scriven, M. (1967). The Methodology of Evaluation. In R. W. Tyler, R. M. Gagne, & M. Scriven (Eds.), Perspectives of Curriculum Evaluation (pp. 39-83). Rand McNally.

Sen, A. (1999). Development as Freedom. Oxford University Press.

Shulman, L. S. (1987). Knowledge and teaching: Foundations of the new reform. *Harvard Educational Review, 57*(1), 1-22.

Skinner, B. F. (1953). Science and Human Behavior. Free Press.

Slavin, R. E. (2011). Instruction Based on Cooperative Learning. In R. E. Mayer & P. A. Alexander (Eds.), *Handbook of Research on Learning and Instruction* (pp. 344-360). Routledge.

Stenhouse, L. (1984). *Investigación y desarrollo del currículum*. Morata.

Stenhouse, L. (1987). *La investigación como base de la enseñanza*. Morata.

Sterling, S. (2001). *Sustainable education: Re-visioning learning and change*. Green Books.

Sternberg, R. J. (1996). Successful Intelligence: How Practical and Creative Intelligence Determine Success in Life. Simon & Schuster.

Schwab, J. J. (1960). The teaching of science as enquiry. In *The teaching of science* (pp. 1-103). Harvard University Press.

Subirats, M. (1994). Conquistar la igualdad: la coeducación hoy. *Revista Iberoamericana de Educación, 6*, 49-78.

Swartz, R. J., et al. (2008). *El aprendizaje basado en el pensamiento*. SM.

Swartz, R. J., & McGuinness, C. (2014). *Developing and Assessing Thinking Skills*. The Hague: International Baccalaureate Organization.

Taba, H. (1974). *Elaboración del currículo*. Troquel. (Obra original publicada en 1962).

Thomas, J. W. (2000). *A review of research on project-based learning*. Autodesk Foundation.

Tilbury, D. (2011). *Education for Sustainable Development: An expert review of processes and learning*. UNESCO.

Tomlinson, C. A. (2001). *How to Differentiate Instruction in Mixed-Ability Classrooms*. ASCD.

Tomlinson, C. A. (2005). *Estrategias para trabajar con la diversidad en el aula*. Paidós. (Obra original publicada en 2001).

Topping, K. J. (1996). The effectiveness of peer tutoring in further and higher education: A typology and review of the literature. *Higher Education, 32*(3), 321-345.

Torres Santomé, J. (2005). *El currículum oculto*. Morata.

Torres Santomé, J. (2011). *La justicia curricular: el caballo de Troya de la cultura escolar*. Morata.

Trilling, B., y Fadel, C. (2009). *21st Century Skills: Learning for life in our times*. Jossey-Bass.

Tyler, R. W. (1973). *Principios básicos del currículo*. Troquel. (Obra original publicada en 1949).

UNESCO. (2009). *Directrices sobre políticas de inclusión en la educación*. UNESCO.

UNESCO. (2017). *Education for Sustainable Development Goals: Learning Objectives*. UNESCO.

Vergara, J. J. (2015). *Aprendo porque quiero. El Aprendizaje Basado en Proyectos (ABP), paso a paso*. SM.

Vives, J. L. (1947). *Tratado de la enseñanza*. Espasa-Calpe. (Obra original *De Tradendis Disciplinis* publicada en 1531).

Stiggins, R. J. (2002). Assessment Crisis: The Absence of Assessment FOR Learning. Phi Delta Kappan, 83(10), 758-765.

Vygotsky, L. S. (1978). Mind in Society: The Development of Higher Psychological Processes. Harvard University Press.

Vygotsky, L. S. (1979). *El desarrollo de los procesos psicológicos superiores*. Crítica. (Obra original publicada en 1978).

Wang, M. C., Haertel, G. D., & Walberg, H. J. (1993). Toward a knowledge base for school learning. *Review of Educational Research, 63*(3), 249-294.

Weinstein, C. S. (1979). The Physical Environment of the School: A Review of the Research. *Review of Educational Research, 49*(4), 577-610.

Wenger, E. (1998). Communities of Practice: Learning, Meaning, and Identity. Cambridge University Press.

Wiliam, D. (2011). Embedded Formative Assessment. Solution Tree Press.

Wygotsky, L. S. (1978). Mind in Society: The Development of Higher Psychological Processes. Harvard University Press.

Johnson, D. W., & Johnson, R. T. (1999). Learning Together and Alone: Cooperative, Competitive, and Individualistic Learning. Allyn & Bacon.

Slavin, R. E. (2011). Cooperative Learning: Theory, Research, and Practice. Allyn & Bacon.

Orientanet. (2024). ¿Cómo es la organización de un aula? Orientanet1.

Universidad de Murcia. (2024). Organización de espacios y tiemposUniversidad de Murcia.

Educativos para. (2024). Organización espacial del aula Educativos.

Zaitegi, N. (2024). Educación para la convivencia y resolución de conflictosCATEDU1.

Gómez Ortega, S. (2024). La ética en la resolución de conflictos: Comportamientos clavePsicología Plasencia.

Kolb, D. A. (1984). Experiential Learning: Experience as the Source of Learning and Development. Prentice Hall.

Dewey, J. (1938). Experience and Education. Kappa Delta Pi.

Schön, D. A. (1983). The Reflective Practitioner: How Professionals Think in Action. Basic Books.

Banks, J. A. (2006). Cultural Diversity and Education: Foundations, Curriculum, and Teaching. Pearson.

Dewey, J. (1938). Experience and Education. Kappa Delta Pi.

Fielding, M. (2004). Transformative Approaches to Student Voice: Theoretical Underpinnings, Recalcitrant Realities. British Educational Research Journal, 30(2), 295-311.

Freire, P. (1970). Pedagogy of the Oppressed. Continuum.

Gay, G. (2000). Culturally Responsive Teaching: Theory, Research, and Practice. Teachers College Press.

Pianta, R. C. (1999). Enhancing Relationships Between Children and Teachers. American Psychological Association.

Black, P., & Wiliam, D. (1998). Assessment and classroom learning. Assessment in Education: Principles, Policy & Practice, 5(1), 7-74.

Finn, J. D. (1989). Withdrawing from school. Review of Educational Research, 59(2), 117-142.

Gagné, R. M. (1985). The conditions of learning (4th ed.). New York: Holt, Rinehart & Winston.

Hattie, J., & Timperley, H. (2007). The power of feedback. Review of Educational Research, 77(1), 81-112.

Jacobi, M. (1991). Mentoring and undergraduate academic success: A literature review. Review of Educational Research, 61(4), 505-532.

Paulson, F. L., Paulson, P. R., & Meyer, C. A. (1991). What makes a portfolio a portfolio? Educational Leadership, 48(5), 60-63.

Tomlinson, C. A. (2001). How to differentiate instruction in mixed-ability classrooms (2nd ed.). Alexandria, VA: ASCD.

Topping, K. J. (1996). The effectiveness of peer tutoring in further and higher education: A typology and review of the literature. Higher Education, 32(3), 321-345.

Zabalza, M. A. (2004). *Diarios de clase: un instrumento de investigación y desarrollo profesional*. Narcea.

Zabalza, M. A. (2007). *Competencias docentes del profesorado universitario: calidad y desarrollo profesional*. Narcea.

Zimmerman, B. J. (2002). Becoming a self-regulated learner: An overview. Theory into Practice, 41(2), 64-70.